《中国阅读通史》编委会

主　编　　王余光
副主编　　徐　雁　刘洪权　熊　静

理论卷	王余光　汪　琴
先秦秦汉卷	先秦编／徐林祥　张立兵
	秦汉编／张　积
魏晋南北朝卷	何官峰
隋唐五代两宋卷	黄镇伟
辽西夏金元卷	王　龙
明代卷	王　龙
清代卷（上）	何官峰
清代卷（下）	王美英
民国卷	许　欢
图录卷	熊　静　黄镇伟　赵　晓　刘刈青

国家出版基金项目

中国阅读通史

王余光 主编

图录卷

熊　静　黄镇伟　赵　晓　刘刈青　编

时代出版传媒股份有限公司
安徽教育出版社

图书在版编目（CIP）数据

中国阅读通史.图录卷/王余光主编;熊静等编.—合肥:安徽教育出版社,2017.12
ISBN 978-7-5336-8641-3

Ⅰ.①中… Ⅱ.①王…②熊… Ⅲ.①阅读－文化史－中国－图录 Ⅳ.①G252－092

中国版本图书馆 CIP 数据核字（2017）第 292463 号

中国阅读通史·图录卷
ZHONGGUO YUEDU TONGSHI · TULU JUAN

出 版 人：郑　可
质量总监：武常春
策划编辑：刘洪权
责任编辑：刘义平　钱叶琴　徐　鹏
装帧设计：袁　泉
技术编辑：陈善军

出版发行：时代出版传媒股份有限公司　安徽教育出版社
地　　址：合肥市经开区繁华大道西路 398 号　邮编：230601
网　　址：http://www.ahep.com.cn
营销电话：(0551)63683012,63683013
排　　版：安徽时代华印出版服务有限责任公司
印　　刷：安徽新华印刷股份有限公司

开　　本：710×1010　1/16
印　　张：19
字　　数：250 千字
版　　次：2017 年 12 月第 1 版　2017 年 12 月第 1 次印刷
定　　价：130.00 元

（如发现印装质量问题,影响阅读,请与本社营销部联系调换）

编写说明

　　读书是人类特有的一项精神文化活动，自书籍诞生之日起，读书就始终伴随人类文明发展的步伐。追寻甲骨文诞生[①]以来中华民族的历史，我们能时时感受到倡导读书的至淳风尚，阅读已经深深融入国人的生活。数千年来，记录中华民族阅读活动的文献史料，除了文字记载以外，还有大量书法、绘画、建筑等艺术作品，共同构成了色彩绚丽的中国阅读史长卷。这些有关读书的艺术作品，直观地反映了阅读在中国古代社会生活中的重要地位，展现了中华阅读文化和传统的深邃与感染力。因此，我们从中精选内容编成《中国阅读通史·图录卷》（以下简称《图录卷》），借以展现中国阅读史的丰富性和多样性。

　　《图录卷》主要汇辑中国阅读史上具有广泛影响的图像，包括书画作品、珍本书影、藏书楼阁图片等。其从内容上大致可分为以下几个部分：

　　（一）影响阅读史的文化典籍和阅读理论著作。这些包括经典著作、在历代阅读活动中产生重要影响的图书，以及古代阅读思想和阅读理论方面的专门著作。前者如《周易》《老子》《论语》，文学总集《文选》、通俗小说《警世通言》，后者有《颜氏家训》《薛公读书录》《读书十六观》等。

　　（二）在中国阅读史上产生过重要影响的人物和事件。前者如荀况、唐太宗，后者如孔子删述六经、伏生授经。

　　（三）阅读和藏书的处所。阅读环境的营造是中国传统阅读文化的重要特色。读书人根据个人好尚和对经典的理解来布置自己理想的读书环境。行之于书画，留下了数量众多的读书图；行之于建筑，就

[①] 2017年10月30日，联合国教科文组织通过了中国甲骨文入选"世界记忆亚太地区名录"和"世界记忆名录"的申报，肯定了甲骨文这一中国文献遗产的世界意义。甲骨文的诞生，正是中国阅读活动的辉煌起点。

产生了遍布中华大地的各种藏书楼。这些珍贵的图像资料,对我们了解古代读书人的精神世界具有重要的价值。这部分收录的图片包括:历代读书图、历代名人读书处所、私人藏书楼、近代图书馆等。

(四)反映古代阅读典故和读书、会文场景的图画。这类图像范围相对较广,读书典故类的有孟母断机教子、朱买臣负薪读书等;文人雅集类(与阅读修养相关)的有文会、修禊、文宴图等;读书场景类的有清禹之鼎所画王士禛、王原祁的文人休憩场合和清庄瑗、陈宇《人物画册》中的生活场景。这些画卷生动地体现了阅读已经成为中国古人的一种生活方式,让今人透过画面仍能感受古人阅读的快乐。

(五)展现文本变迁、阅读风尚兴起、阅读方式演进的各类图像。文本变迁如竹简、帛书、石经的更替;阅读风尚兴起如纂图重言重意和小说评点类典籍的出现;阅读方式的演进则以画报、期刊和推广阅读的广告书影来表现。

中国阅读史的图像资料十分丰富,流传至今的数量仍十分可观,限于篇幅,我们仅能从各个时代中挑选一些具有代表性的图片和书影收入本卷。在取舍方面,我们既要避免《图录卷》与前九卷插图重复,又要保持本卷的相对独立和完整。故《图录卷》所收各图的内容可能并未出现在前九卷的相关叙述中,因而我们为部分插图增加了文字说明。

《图录卷》的编排,沿用卷二至卷九按时代分编的体例,各图基本按其内容的时代特征依次编录。在编排过程中,《图录卷》基本遵循人物、历史事件、阅读理论著作、读书和藏书处所、读书图、各种书影的排列顺序。同时,我们尽量将相关的人物、事件和著作排在一起,以便读者翻阅。

在中国阅读史上,固有"左图右史"的传统,在当下"读图时代",人们阅读习惯的改变,使图画更具有优于文字的视觉冲击力。囿于学识,本卷在图片的选录上难免挂一漏万,在编排方面还有许多需要完善的地方。我们希望通过此项工作,能将中国阅读史的面貌立体地呈现在读者面前,也衷心地期待读者朋友的批评和建议。

本卷所收图片,大部分是本书主编王余光先生和第四卷作者黄镇伟先生多年蒐集所得,我们在此一并致以谢忱。

目 录

先秦秦汉 …………………………………………………… 1

魏晋南北朝 ………………………………………………… 39

隋唐五代两宋 ……………………………………………… 63

辽西夏金元 ………………………………………………… 117

明代 ………………………………………………………… 143

清代 ………………………………………………………… 193

民国 ………………………………………………………… 243

先秦秦汉

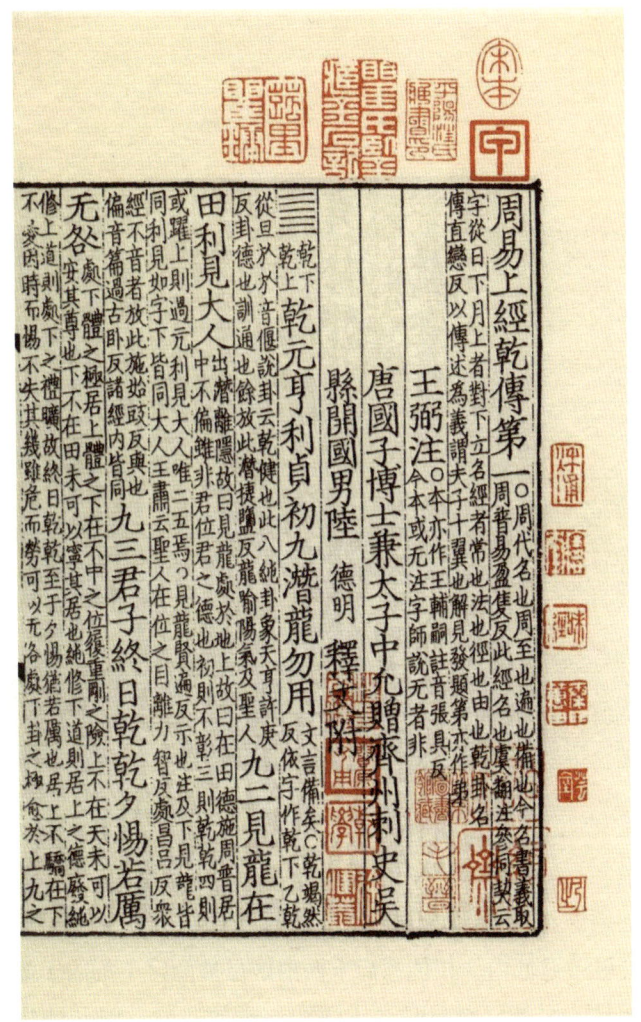

《周易》 [魏]王弼,[晋]韩康伯注 [唐]陆德明释文
南宋隆兴淳熙年间刻本 藏于中国国家图书馆

　　《易》,儒家经典,相传成于西周周公之手,故又名《周易》。《易》是上古占卜之书,书中通过卦的排列、卦形的变化以及卦辞、爻辞来喻示万物的运行规律。其中如"天行健,君子以自强不息""地势坤,君子以厚德载物"等卦辞,深刻地影响着中国人的精神世界。

周文王演易台

周文王演易台位于河南省安阳市汤阴县城北4千米处的羑里城遗址内,相传系商末西伯姬昌被商纣王拘囚于此后演《易》之处。姬昌是商末陕西一带的诸侯,因劝谏纣王被囚禁于羑里。姬昌在狱中发愤,将八卦演为六十四卦、三百八十四爻,借以阐释宇宙、自然和人类社会的各种变化规律。"文王拘而演周易",经过司马迁的如椽巨笔,文王演"易"的精神激励着一代代读书人厄不坠志、发愤著述。后人为纪念文王,在羑里城旧址上修建了文王庙。演易台位于大殿右后侧,重建于1994年。

《文王八卦方位图》

周文王演易台

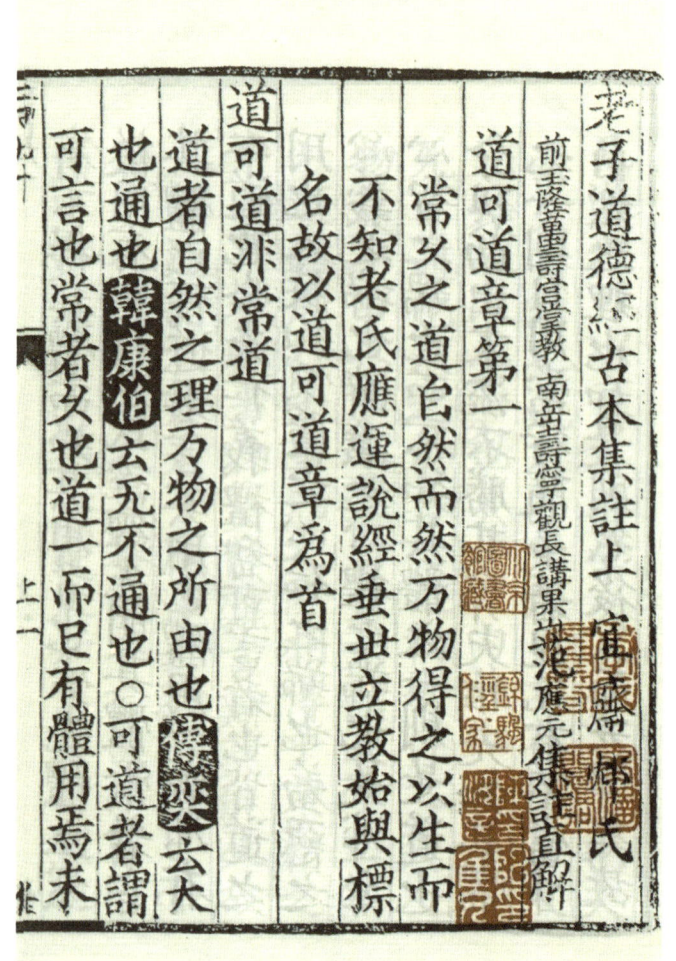

《老子道德经古本集注》 宋刻本 藏于中国国家图书馆

老子（公元前571年—公元前471年），姓李，名耳，字聃，楚国苦县厉乡曲仁里人（今河南鹿邑）。老子是我国古代的哲学家和思想家，道家学派的创始人，曾任周王室"守藏室之史"，所作《老子》，又称《道德经》，是中国历史上第一部完整的哲学著作。该著作中含有丰富的辩证法思想，对中国哲学的形成具有重要意义。

《老子骑牛图》
[南宋]晁补之
藏于台北故宫博物院

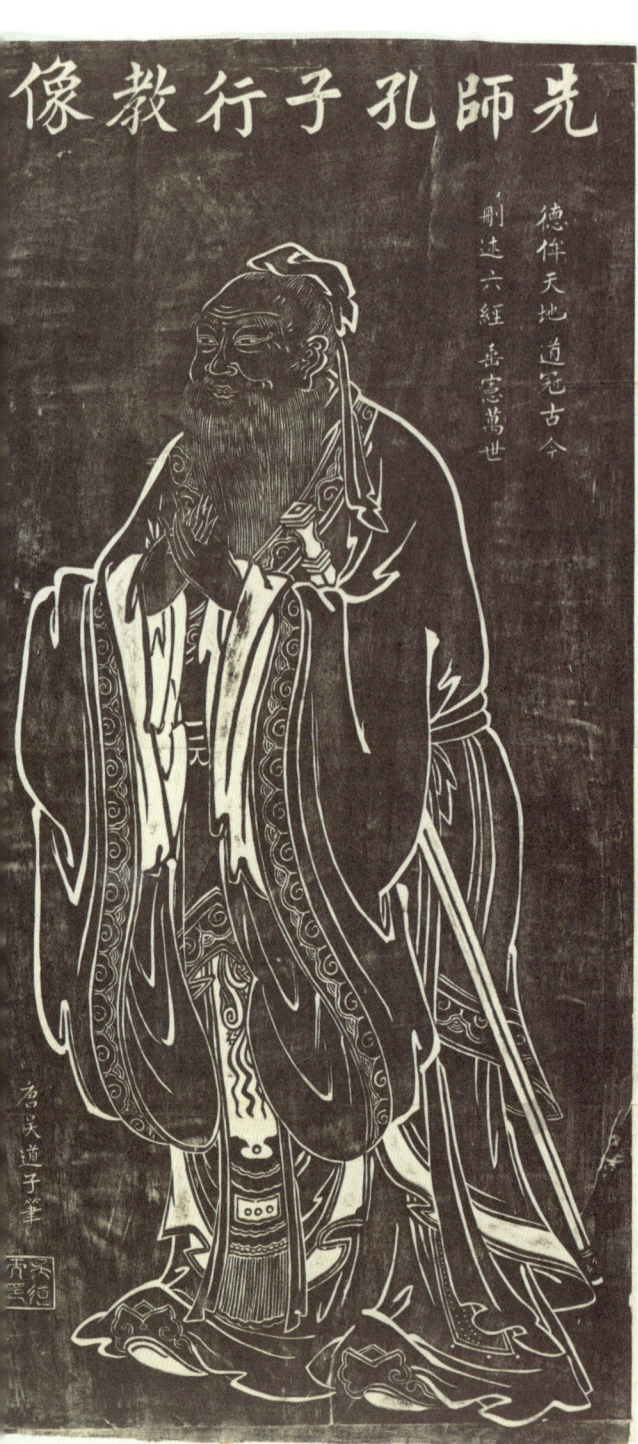

《先师孔子行教像》拓片

孔子（公元前551年—公元前479年），名丘，字仲尼，春秋末期鲁国陬邑（今山东曲阜市东南）人。他是我国古代著名的思想家、政治家、教育家，儒家学派创始人。相传孔子有弟子三千，贤弟子七十二人。为了宣扬自己的政治主张，孔子曾率领弟子周游列国14年。孔子晚年归鲁整理先秦文献，曾修《诗》《书》，定《礼》《乐》，序《周易》，作《春秋》。汉武帝实行"罢黜百家，独尊儒术"的政策后，孔子及其弟子开创的儒家思想成为古代社会的正统思想，它对中国历史的发展产生了深远的影响。

曲阜孔庙

曲阜位于山东省西南部,是儒家学派创始人孔子的家乡。曲阜孔庙原为孔子的故宅,孔子去世后,鲁哀公以其故居为庙,岁时祭祀。西汉以来,历代帝王不断给孔子加封谥号,孔庙规模越来越大,已成为我国祭祀孔子的最大的场所。孔庙现存的大部分建筑是明清两代完成的,前后共九进院落,对称布局,主要建筑有棂星门、大成殿、寝殿、圣迹殿、奎文阁、杏坛、十三碑亭、鲁壁等。孔庙四周围以红墙,四角配有角楼,是仿北京故宫式样修建的,体现了孔子和儒学在古代社会的崇高地位。

《孔子删述六经图》两张

"六经"是《诗》《书》《礼》《易》《乐》《春秋》的合称。古人认为"六经"是五帝三代流传下来的典籍，至孔子生活的时代，这些典籍散佚已经较为严重。今天我们看到的"六经"，是经过孔子整理并最终确定的。"六经"是科举时代读书人的基础读物，它们在中国古代阅读史上占有重要的地位。

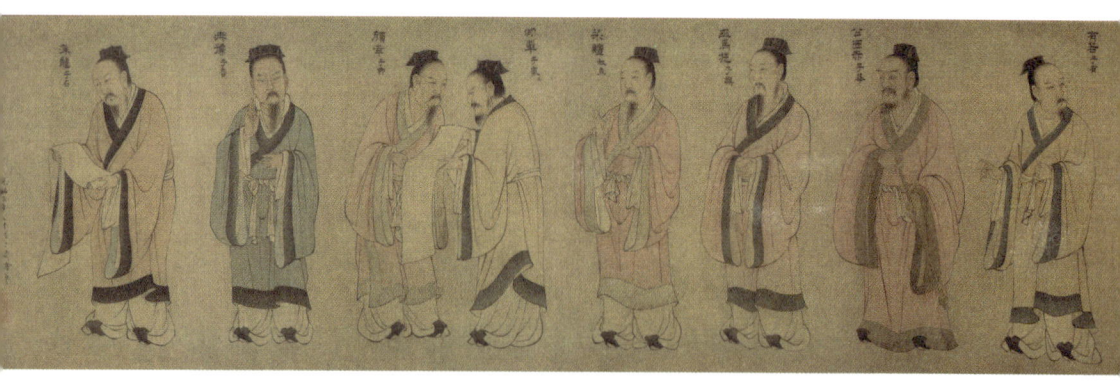

《孔子弟子像卷》 藏于北京故宫博物院

据《史记·孔子世家》记载，孔子有弟子三千，"身通六艺者七十有二人"。同书《仲尼弟子列传》载有其中七十七人的事迹。这些孔门弟子，在孔子生前跟随其周游列国，传播主张；在孔子去世后，记录、整理老师的言论、思想，广收门徒，传播儒家思想。他们对儒家学说的最终定型及孔子思想的代际传承作出了突出的贡献。

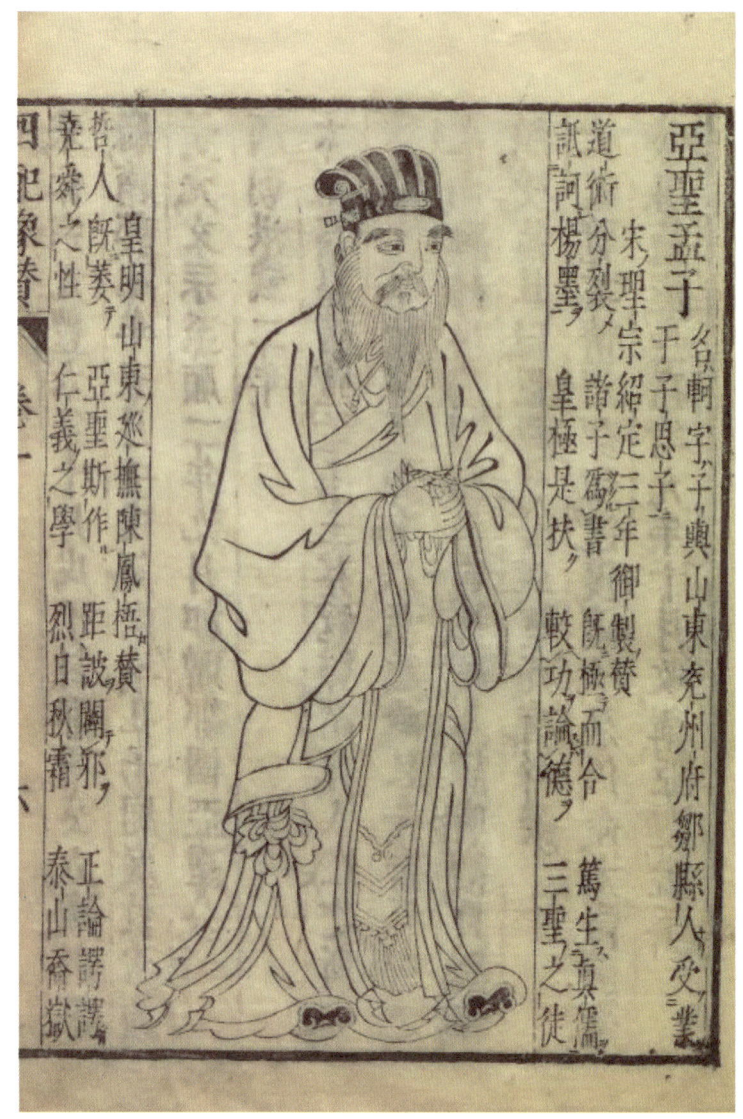

孟子像　出自明代吕维祺《圣贤像赞》

孟子（约公元前372年—约公元前289年），姬姓，名轲，字子舆，战国时期邹（今山东邹城市）人。他是战国时期著名的思想家、政治家、教育家，儒家学派的代表人物，与孔子并称"孔孟"。

《孟母断机教子图》
[清]康涛
藏于北京故宫博物院

荀子（约公元前313年—公元前238年），名况，字卿，战国末期赵国人。荀子强调文化传播的功用，提出教和学的途径。教，就是从贤师处接受礼义之教，闻尧、舜、禹、汤之道。学就是读书，始乎诵经，终乎读礼，唯其重要，所以一部《荀子》以《劝学》冠首。劝，意为鼓励。荀子的劝学思想，对后世产生了积极的影响。

荀况像

《荀子》
宋刻本

竹书和帛书为纸张发明前的书籍形态。

《孔子诗论》
战国楚竹书
藏于上海博物馆

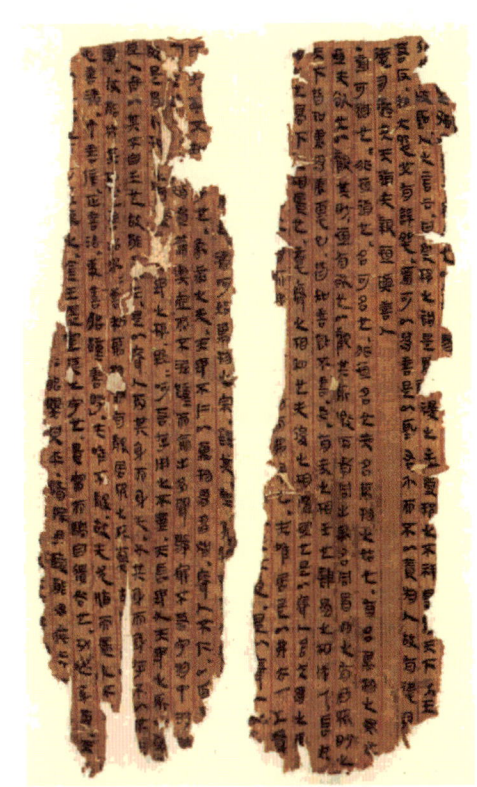

《老子》
长沙马王堆汉墓帛书

屈原像　出自明代潘峦编《古先君臣图鉴》　万历十二年（1584年）益藩阴刻本

屈原（约公元前339年—约公元前278年），名平，字原；又自云名正则，字灵均。他的故里是丹阳秭归（今湖北秭归）。屈原乃战国时期楚国诗人，政治家，他创立了"楚辞"文体；其代表作《离骚》体现了他上下求索救国之路的精神和忠贞爱国的情怀，感动了古今无数的读者。20世纪50年代，屈原被推举为世界文化名人。

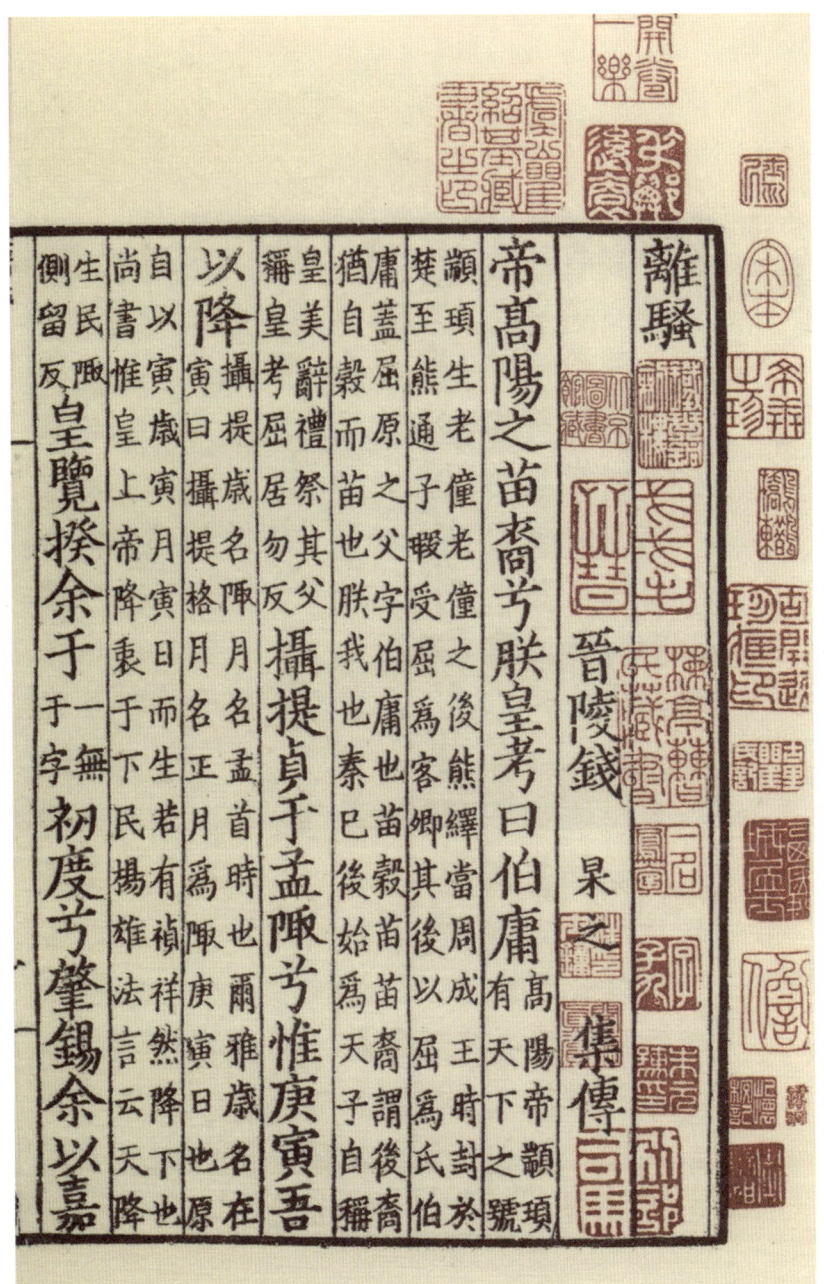

《离骚》 宋刻本 藏于中国国家图书馆

晋祠·读书台

晋祠位于太原市区西南悬瓮山下，建筑年代已不可考。据《史记·晋世家》记载，晋祠是为了纪念周成王的同母弟叔虞而建。读书台位于晋祠悬瓮山山麓、朝阳洞巅，是魏司空杨津之子杨愔读书之处。据《晋祠指南》记载，明人王琼也曾在此读书。现今的读书台是清乾隆年间所建。

晋祠·尊经阁

"尊经阁"在我国古代学宫、祠堂、宗族祭祀场所中十分常见,体现了中国古人对经典的尊重。

秦始皇像

　　秦始皇统一六国后,为了更好地治理疆域辽阔的国家,促进各地区、各民族的交流,他命丞相李斯等人整理文字,将六国文字统一为"秦篆",又称"小篆",将其作为官方规范文字,推行天下。此举极大地促进了华夏文明的交融与传播。

许慎《说文解字叙》记述了"书同文"的过程:"(李)斯作《仓颉篇》,中车府令赵高作《爰历篇》,太史令胡毋敬作《博学篇》,皆取史籀大篆,或颇省改,所谓小篆者也。是时秦烧灭经书,涤除旧典,大发隶卒,兴役戍官,狱职务繁,初有隶书,以趣约简,而古文由此绝也。""史籀大篆"指周代文字。周时文字笔画繁复,称为大篆,相传创自太史籀,故又称籀文。今存石鼓文即是其代表。李斯整理文字,以大篆为基础,省去繁复,简化笔画,形成一种形体偏长、匀圆齐整的新文字,名为"秦篆",又因其脱胎于春秋战国之大篆,故有"小篆"之称。之后,小篆被作为官方文字,颁行全国。今存《琅琊台石刻》《泰山石刻》残石上的文字,即小篆的代表作。

文字变迁组图

小篆体十二字秦砖砖文:"海内皆臣,岁登成熟,道毋饥人。"
引自中国历史博物馆《华夏文明史图鉴》第二卷

《秦泰山刻石》残字册页　字体为统一后的小篆，相传为李斯手书
题北宋拓本　出日本二玄社原色法帖

《汉武帝表章六经图》 清宫廷版画

"表章"即"表彰"。汉代独尊儒术,《汉书·武帝纪赞》记载:"(武帝)卓然罢黜百家,表章六经。"上图描绘的正是武帝观看六经的场景。

《伏生授经图》 [明]杜堇 藏于美国大都会美术馆

《伏生授经图》描绘的是汉初儒者伏生向汉朝宫廷派来的学者讲述《尚书》经文的情景。伏生,又作伏胜。秦初,由于秦始皇"焚书坑儒",先秦典籍散失殆尽;汉初,朝廷为恢复文化传承,曾派使者向年长者求教,将其口述典籍记录下来。

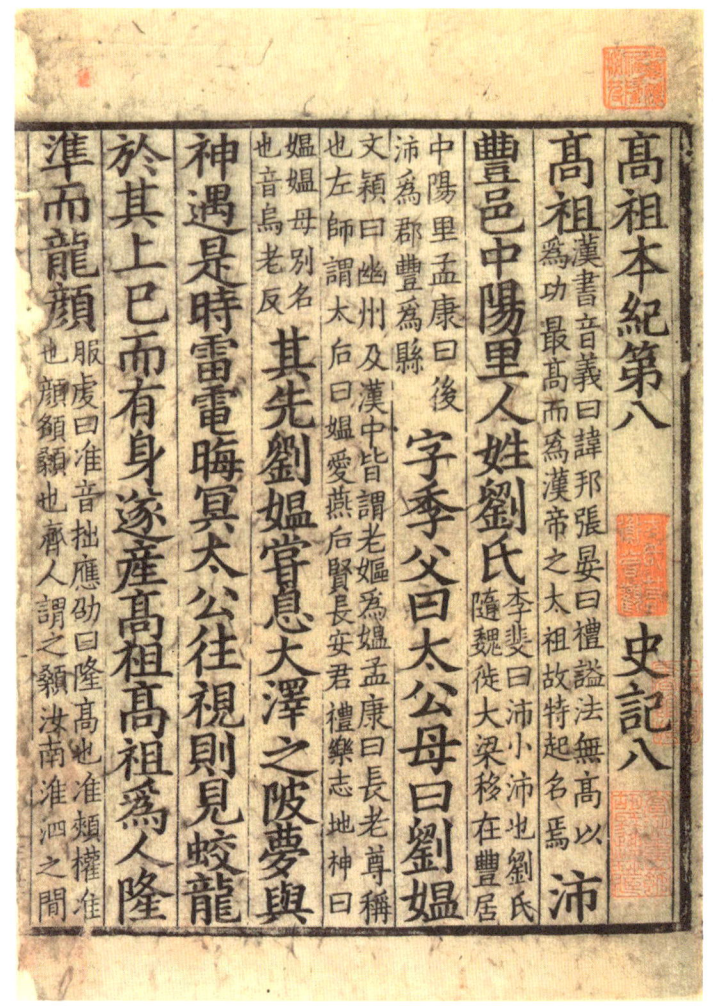

《史记》一百三十卷　宋绍兴淮南西路转运司刻本　藏于上海图书馆

　　《史记》是我国第一部纪传体通史，记载了从三皇五帝时代到汉武帝时期近三千年的历史。司马迁文史双绝，《史记》被誉为"史家之绝唱，无韵之离骚"，与《资治通鉴》并称"史学双璧"。《史记》为中国古代史学的形成和发展奠定了坚实的基础。

《朱买臣负薪读书图》 出自清代萧晨《山水图册》

朱买臣（？—前115年），字翁子，会稽吴（今属苏州市）人，西汉大臣、辞赋家。朱买臣早年生活贫寒，卖柴为生。他酷爱读书，常在负薪回家途中，边走边读，从而在阅读史上凝练为"买臣负薪"的典故。

朱买臣读书台

朱买臣读书台位于江苏省苏州市吴中区穹窿山内,为巨石一块。相传朱买臣每次上山砍柴时都在这里看一会书,临回家前就把书藏在图中的这块石头下。

《郑玄像》 清绘本
清学者严可均,许瀚,孙星衍,包世臣等题跋

郑玄（127年—200年），字康成，北海高密（今属山东）人。早年他曾负笈游学十余年，师事经古文家扶风马融。郑玄一生遍注群经，以古文为主兼容今文学说，所注经籍中的《周礼注》《仪礼注》《礼记注》《毛诗笺》四种完整保存至今，其他如《周易》《尚书》《孝经》的注本早已亡佚，仅有后人的辑本。20世纪80年代新疆发现的唐写本中有郑玄的《论语注》。《后汉书·郑玄传》评其曰："郑玄囊括大典，网罗众说，删裁繁芜，刊改漏失，择善而从，自是学者略知所归。"自此，读经者都遵从郑玄之说，一时郑学影响遍天下。

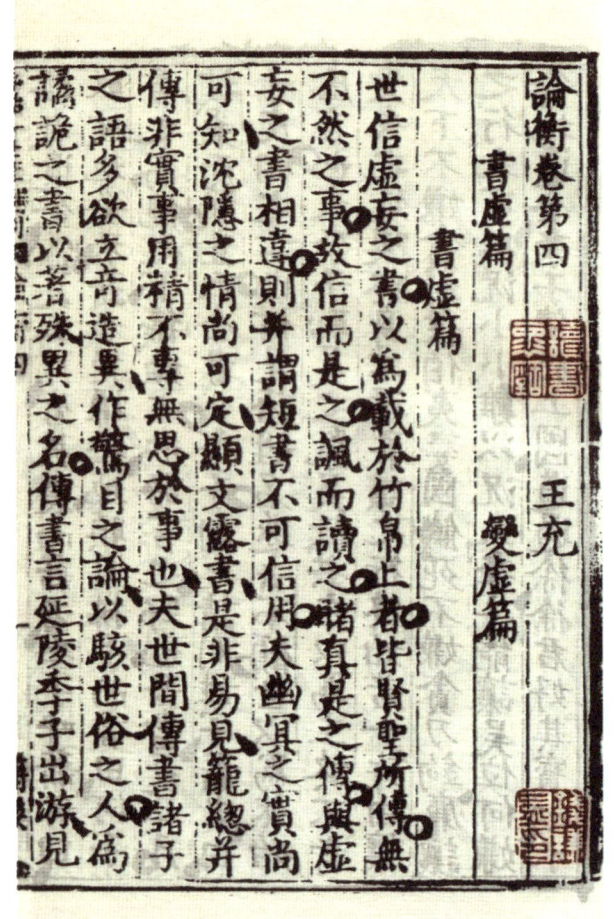

《论衡》 宋乾道三年（1167年）绍兴府刻 宋元明递修本 藏于中国国家图书馆

王充（27年—约97年），会稽上虞（今属浙江）人，东汉著名思想家，著有《论衡》。《论衡·书虚篇》批判了"传书"（解释儒家经书的著作）中一些没有事实根据的说法，故篇名曰"书虚"。

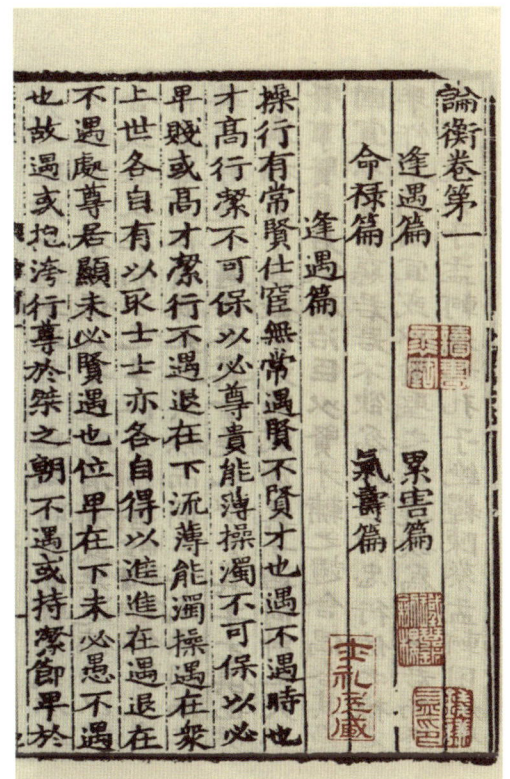 

王充像　出自清代任熊绘《於越先贤像传赞》

七略別錄佚文 清姚振宗撰 開明書店製版

七略別錄佚文敘

敘七略別錄本末第一 凡一十八條

漢書成帝本紀河平三年秋八月光祿大夫劉向校中祕書謁者陳農使使求遺書於天下

又楚元王附傳向字子政本名更生年十二以父德任爲輦郎弱冠擢諫大夫元帝初爲散騎宗正給事中以石顯等譖陷中廢十餘年成帝卽位石顯等伏辜更生乃復進用更名向向以故九卿召拜爲中郎使領護三輔都水遷光祿大夫上方進於詩書觀古文詔向領校中五經祕書向乃集合洪範五行傳論奏之序次列女傳以戒天子及采傳記行事著新序說苑各若干篇數上疏言得失陳法戒書數十上以助觀覽補遺闕上嘉其言常嗟歎之以向爲中壘校尉向爲人簡易無威儀廉靖樂道不交接世俗專積思於經術晝誦書傳夜觀星宿或不寐達旦年七十二卒卒後十三歲而王氏代漢向三子皆好學長子伋以易教授官至郡守中子賜九卿丞蚤卒少子歆最知名

又藝文志成帝時以書頗散亡使謁者陳農求遺書於天下詔光祿大夫劉向校經傳諸子詩賦步兵校尉任宏校兵書太史令尹咸校數術侍醫李柱國校方技每一書已向輒條其篇目撮其指意錄而奏之

荀悅漢紀孝成皇帝河平三年八月光祿大夫劉向校中祕書謁者陳農使使求遺書於天下故典籍益博矣

後漢應劭風俗通義佚文曰劉向爲孝成皇帝典校書籍二十餘年皆先書竹爲易刊定可繕寫者以上素也今東觀書竹素也

宋書百官志曰昔漢武帝建藏書之册置寫書之官於是天下文籍皆在天祿石渠延閣廣內祕府之室謂之祕書至成哀世使劉向父子以本官典其事至於後漢則圖籍在東觀有校書郎碩學達官往往典校祕書如向歆故事

吳志韋曜傳孫休踐阼爲中書郎博士祭酒命曜依劉向故事校定衆書

晉書荀勖傳勖領祕書監與中書令張華依劉向別錄整理記籍

梁阮孝緒七錄序目曰孝成之世命光祿大夫劉向及子俊歆等讎校篇籍每一篇已輒錄而奏之

孫氏平津館續古文苑校文曰俊當作伋向本傳云長子伋以易教授官至郡守不云受詔校書阮此言疑出別錄七略也

又曰昔劉向校書輒爲一錄論其指歸辨其訛謬隨竟奏上皆載在本書時又別集衆錄謂之別錄卽今之別錄是也

又曰劉氏之世史書甚寡附見春秋誠得其例

又曰詩賦不從六藝詩部蓋由其書既多所以別爲一略

又曰宋祕書丞王儉依別錄之[illegible]爲七志

北齊書樊遜傳天保七年遜議刊定祕府書籍曰漢中壘校尉劉向受詔校書每一書竟表上輒言臣向書長水校尉臣參書太史書太常博士書中外書合若干本以相比校然後殺青又曰向之故事見存府閣

隋書牛弘傳弘上表請開獻書之路曰漢興建藏書之策置校書之官至孝成之世遣謁者陳農求遺書於天下詔劉向父子讎校篇籍漢之典文於斯爲盛

隋書經籍志簿錄篇七略別錄二十卷劉向撰

唐書經籍志目錄類七略別錄二十卷劉向撰

唐書藝文志目錄類劉向七略別錄二十卷

敘七略別錄輯本第二 凡五條

別錄自唐藝文著錄之後後史無傳焉雖亦見於通志藝文略焦氏經籍志皆虛列其目非實有其書蓋亡於唐末五代之亂宋初人已不及見矣孫祠書目載有洪頤煊輯本一卷今未得見近有嚴氏可均全漢文編馬氏國翰玉函山房輯本各一卷又有漢州張選青受經堂叢書本與馬氏本同馬本分著篇目較爲明析今從其例

顏監引別錄有未足據爲佚文者如藝文志詩賦略中驃騎將軍朱宇賦三篇師古曰劉向別錄云驃騎將軍史朱宇志以宇在驃騎府故總言驃騎

師石山房叢書 七略別錄佚文 第一頁 開明書店製版

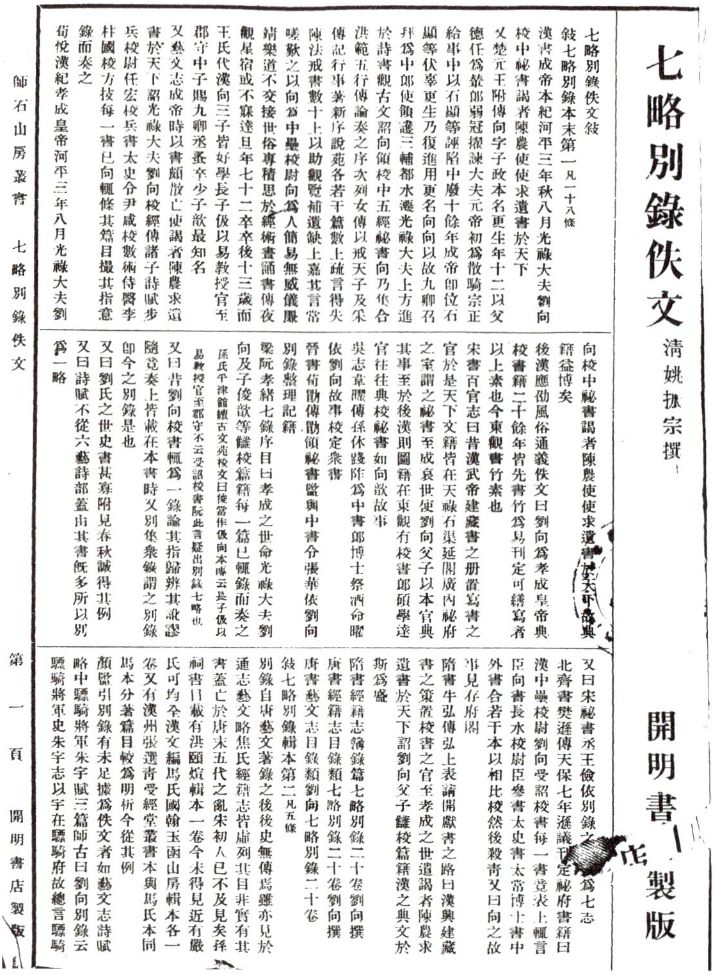

《七略别录佚文》 师石山房丛书本

汉成帝河平三年（公元前 26 年），光禄大夫刘向受命校理官府藏书，至哀帝建平元年（公元前 6 年）刘向去世，前后预其事 21 年。刘向等人校理群书的成果就是《别录》。刘向去世后，其子刘歆继其事，在《别录》基础上，编成《七略》，该书是我国第一部图书分类目录。两书流传至唐末五代后，先后失传。

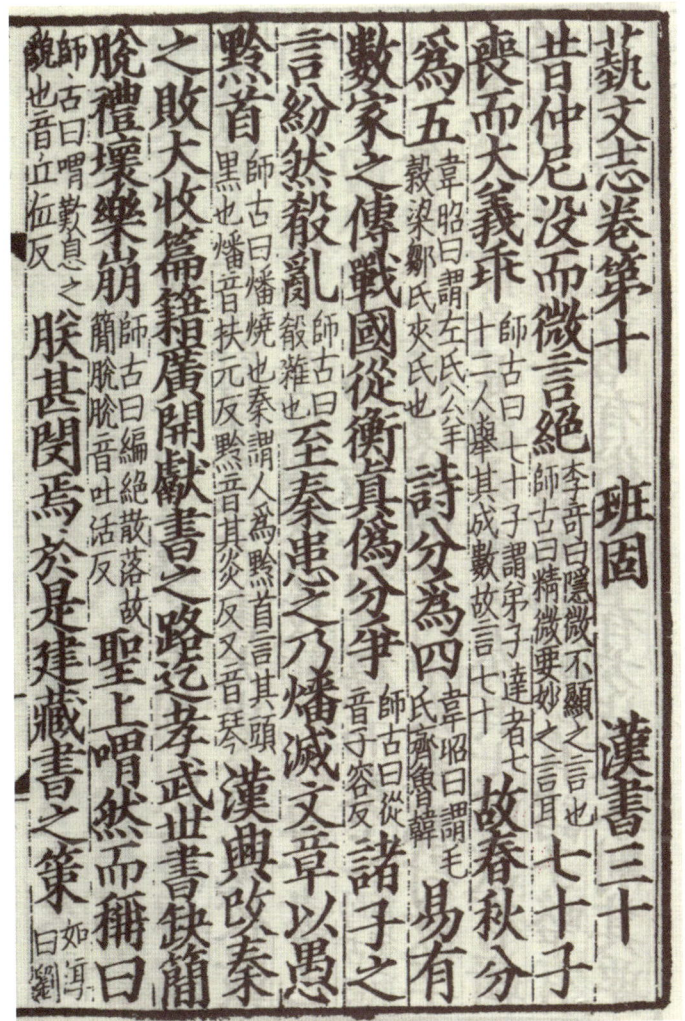

《汉书·艺文志》　[汉]班固　北宋递修本　藏于中国国家图书馆

《汉书·艺文志》是班固根据西汉刘向父子校理国家藏书后所编的《七略》而编成的，今《七略》已佚，《汉书·艺文志》便成为中国现存最早的目录学文献。《汉书·艺文志》所著录的典籍大多已经亡佚，但仍是我们今天了解先秦至西汉的著述、阅读情况、社会知识体系和文化风貌的重要文献。

《曹大家授书图》 [清]金廷标　藏于台北故宫博物院

《曹大家授书图》描绘的是东汉班昭执笔授书的故事。班昭(约49年—约120年),名姬,字惠班,班固的妹妹。班昭嫁于曹世叔,世叔亡,和帝召其入宫,命皇后贵人师事之,号曹大家。班固去世,班昭受诏读皇家藏书,续成《汉书》。

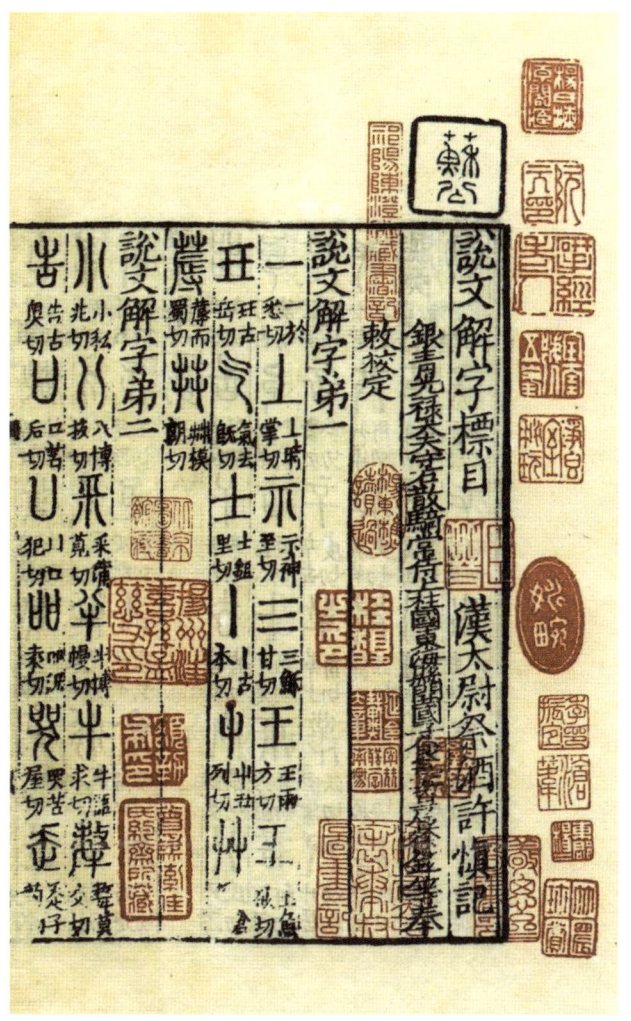

《说文解字》 [东汉]许慎

　　许慎(约58年—149年),汝南郡召陵县(今属河南省漯河市召陵区)人,东汉著名经学家。《说文解字》是我国第一部系统分析字形和考究字源的字典。该字典以古文经和《史籀篇》《仓颉篇》为材料,博采先秦两汉各家之说,收字近万个,每字均以小篆为字头,古文、籀文等异体列为重文。它是我国古代"小学"的启蒙书。

《熹平石经》

汉灵帝熹平四年（175年），灵帝准蔡邕等人之请，校订儒家七经（《鲁诗》《尚书》《周易》《仪礼》《春秋》《公羊传》《论语》）。校订工作结束后，为了保存正本，便于士子抄录，蔡邕等人以八分书体将校正的经文书于石碑，刻成后立于洛阳太学，后世称为"熹平石经"。

魏晋南北朝

《历代帝王图——魏文帝曹丕》 [唐]阎立本

曹丕在《典论·论文》中提出文章是"经国之大业,不朽之盛事",从而大大提高了文学的地位,这对魏晋以后文学创作和阅读活动的发展具有重要的推动作用。

《维摩诘经》

［三国吴］支谦译

北朝写本

　　三国吴黄武元年（222年），僧人支谦开始译经，开启了江南佛经的翻译之风。

《竹林七贤图》 ［明］仇英

竹林七贤是指三国魏正始年间（240年—249年）的七位名士，年代较"建安七子"略晚，有嵇康、阮籍、山涛、向秀、刘伶、王戎、阮咸七人。因七人常在山阳县（今河南省修武县和辉县交界）一带的竹林，饮酒畅谈，恣肆酣然，故有竹林七贤之称。竹林七贤是魏晋玄学的代表人物，崇尚老庄之学，行事率直任诞，清俊通脱，是"魏晋风度"的代表人物。竹林七贤的精神气度为后世读书人所倾慕，其聚饮畅谈等乐事是常见的画作题材。《竹林七贤图》展现了文人理想中的读书、生活场景。

《兰亭序》　［唐］褚遂良摹　行书纸本

《兰亭修禊图》　［明］文徵明　藏于北京故宫博物院

东晋穆帝永和九年（353年）三月三日，王羲之与谢安、孙绰等四十一位名士，在山阴（今浙江绍兴）兰亭"修禊"，众人以诗会友，后将诗结为《兰亭集》。王羲之为之手书序文，是为《兰亭集序》。序文记述了兰亭周围山水之胜和聚会之愉悦，最后抒发了作者对于生死无常的感慨。《兰亭序》文书双绝，被后世称为"天下第一行书"。《兰亭修禊图》形象地展现了魏晋时期文人读书会友的生活场景。

《陶渊明像》 〔宋〕李公麟

陶渊明（365年或372年或376年—427年），字元亮，又名潜，私谥"靖节"，世称靖节先生，浔阳柴桑（今属江西省九江市）人，东晋著名诗人。他提出的"不求甚解"（会意）读书法对后世影响深远。

《宣文君授经图》　[明]陈洪绶

该画作取材于前秦国君苻坚兴办学校，置博士教授儒家经典的故事。

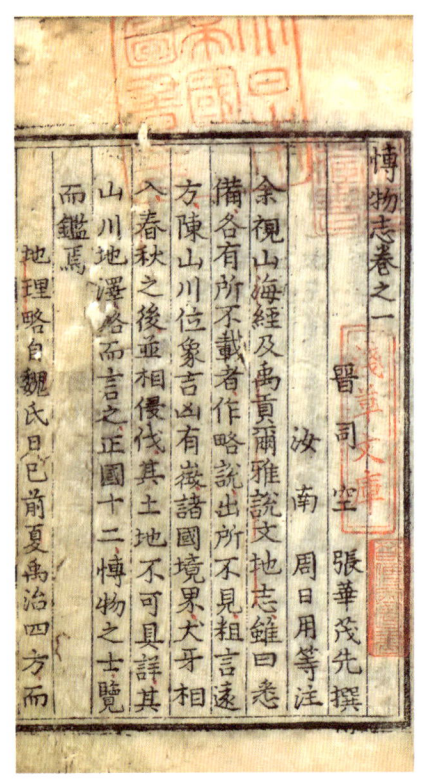 

《博物志》 [晋]张华　明刻本　　　任昉像　出自清代顾沅《古圣贤像传略》

两晋南北朝时期，曾出现了万卷以上的藏书之家。《晋书·张华传》称张华（232年—300年）"雅爱书籍，身死之日，家无余财，惟有文史溢于机箧。"南朝齐梁间，藏书逾万卷的大家更多。《南史·任昉传》称任昉（461年—508年）"博学，于书无所不见，家虽贫，聚书至万余卷"。藏书大家群体的出现，说明当时社会书籍的抄录条件和阅读环境相较前代有很大改善。

傳以爲仙人 晉書曰王歡字君上學專精讀書不營産業家無升斗妻患
或毀其書後爲通儒 宋書曰卑消字武子少勤學家貧無燈夏月乃聚
螢照讀冬曾聚雪仕至司徒 晉書曰劉寔字子真平原人家貧好學織
牛衣以賣而自給仕至侍中遷司徒 漢書曰朱買臣字翁子會稽人少家貧
勤學不事産業位至本郡太守 後漢書曰孫敬字文質好學閉戶讀
書不堪其睡乃以繩懸之屋梁人曰閉戶先生 又曰兒寬與人傭力帶經書
耕鉏仕至丞相 詩 宋陶潛讀山海經詩曰既耕亦已種且還讀我書汎覽
周王傳流觀山海圖俛仰終宇宙不樂復何如 宋謝惠連讀書詩曰貴園
奚足慕下帷故宜遵山成由簣 崇積始微塵虞軒雖眇莽顏緜亦何人
齊王融抄衆書應司徒教詩曰說禮固多才惇詩信爲善巖筍發仙華金
縢開碧篆 賦 晉束皙讀書賦曰耽道先生澹泊閑居藻練精神呼吸清
虛抗志雲表戢形陋廬垂帷帳以隱几被紈素而讀書抑揚嘈囋或疾或
徐優游蕴籍亦卷亦舒頌卷耳則忠臣喜詠蓼莪則孝子悲稱碩鼠則貪
民去唱白駒而賢士歸是故重華詠詩以終已仲尼讀易於身中原憲潛吟

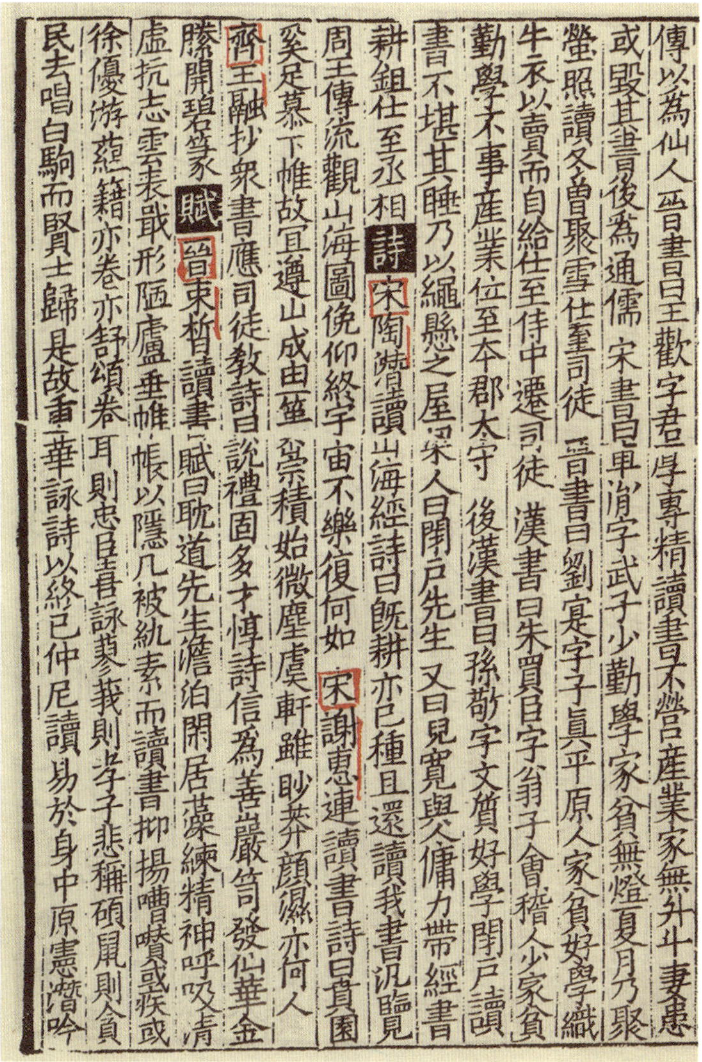

《读书赋》 [晋]束皙

西晋束皙（约 264 年—约 303 年）的《读书赋》是古代阅读史上较早的一篇以读书为题的作品。该作品生动地塑造了一位凝神敛形、手披书卷的书生，其心情随书意而抑扬舒卷的读书风采，读来平易流畅，很有感染力。

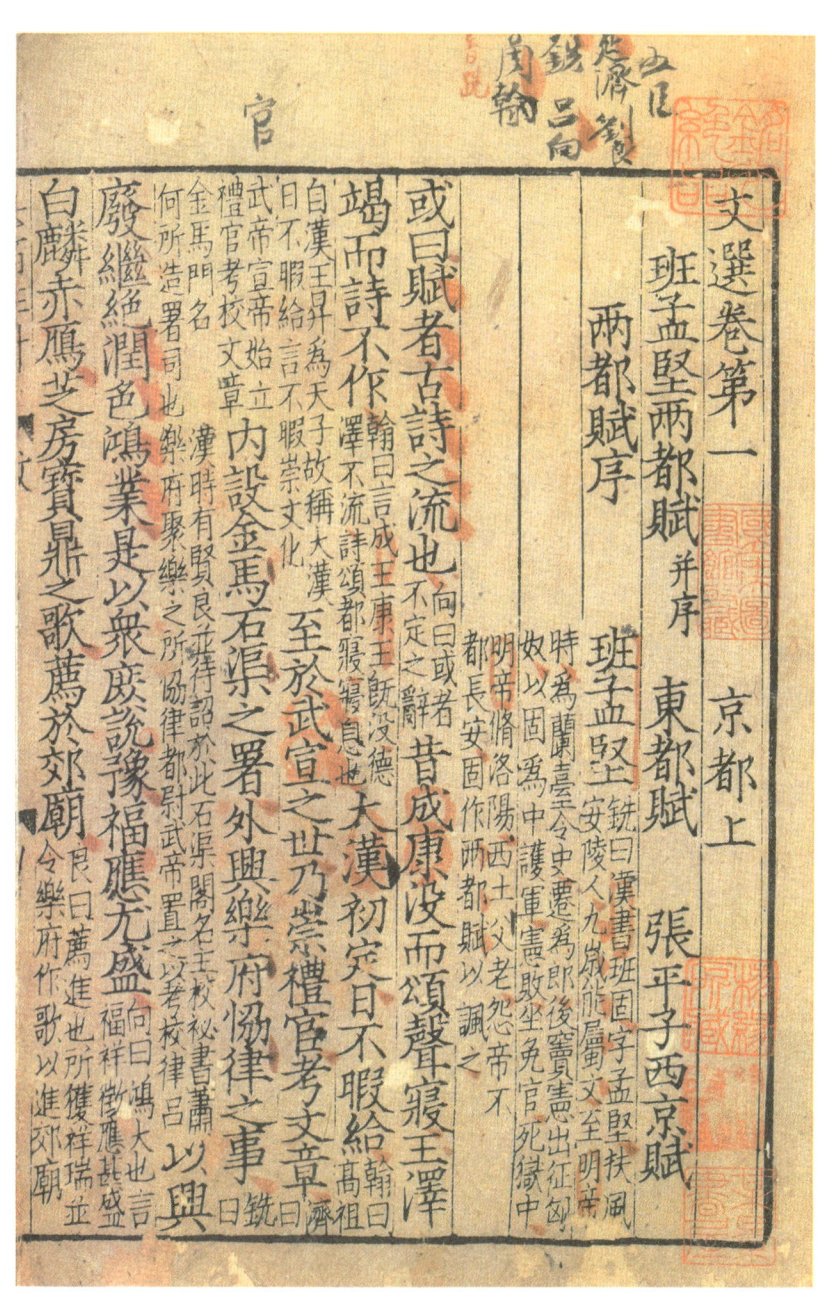

《文选》 宋绍兴三十一年（1161年）建阳陈八郎宅崇化书坊刻本 藏于台北"中央图书馆"

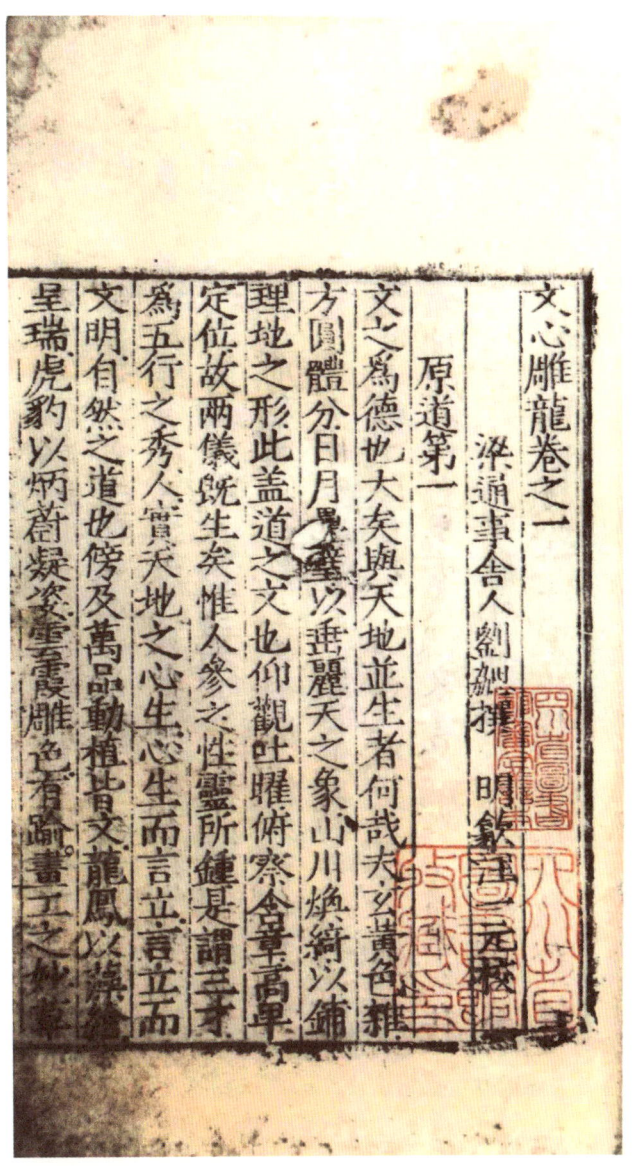

《文心雕龙》 [南朝梁]刘勰 明嘉靖十九年（1540年）汪一元刻本 现藏于四川省图书馆

南朝刘勰的《文心雕龙》是我国现存时代最早、体系最为完整的古典文学理论著作。

《伯牙鼓琴图》 [元]王振鹏

"高山流水"这个典故出自《列子·汤问》，意谓艺术欣赏难觅知音。刘勰在《文心雕龙·知音》篇中分析提出文学作品阅读和欣赏的"六观"原则。

才難然乎性各異稟一朝綜文千年凝錦餘采徘徊遺風籍甚無曰紛雜皎然可品

知音第四十八

知音其難哉音實難知知實難逢逢其知音千載其一乎夫古來知音多賤同而思古所謂日進前而不御遙聞聲而相思也昔儲說始出子虛初成秦皇漢武恨不同時既同時矣則韓囚而馬輕豈不明鑒同時之賤哉至於班固傅毅文在伯仲而固嗤毅云下筆不能自休及陳思論才亦深排孔璋敬禮請潤色歎以為美談季緒好詆訶方之於田巴意亦見矣故

《文心雕龍·知音》 [南朝梁]劉勰

苦愁我心愛身以何為惜我華色時中情既歎歎
然後赴密期褰衣蹋茂草謂君不我欺厠此醜陋
質徒倚無所之自傷失所欲淚下如連絲

古詩為焦仲卿妻作幷序　　無名氏

漢末建安中廬江府小吏焦仲卿妻劉
氏為仲卿母所遣自誓不嫁其家逼之
乃沒水而死仲卿聞之亦自縊於庭樹
時傷之為詩云爾

孔雀東南飛五里一徘徊十三能織素十四學裁
衣十五彈箜篌十六誦詩書十七為君婦心中常

《玉台新咏》　[南朝陈]徐陵辑　四部丛刊影印五云溪馆活字印本

　　《玉台新咏》是一部诗歌总集，收录南朝梁以前诗歌870首。该书所收诗歌虽多为宫体艳情之作，但也有一些优秀的民间诗篇，最著名的如《古诗为焦仲卿妻作》，即《孔雀东南飞》。这首在中国阅读史上声名卓著的名篇，就因《玉台新咏》收录而存。

《武侯高卧图卷》 [明]朱瞻基 藏于北京故宫博物院

诸葛亮（181年—234年）是三国时期著名的政治家。据《魏略》记载，他在荆州与石广元、徐庶、孟建一起游学。"三人务于精熟，而亮独观其大略。每晨夕，从容抱膝长啸。"观其大略是强调读书需提纲挈领地领会精神，把握要点。

叵羅竇太令飲酒者皆脫帽於珽髻上得之神武不能罪也後爲
祕書丞領舍人事文襄州客至請賣華林遍略文襄多集書人一
日一夜寫畢退其本曰不須也珽以遍略數帙質錢樗蒱文襄杖
之四十又與令史李雙倉督成祖等作晉州啓請粟三千石代功
曹參軍趙彥深宣神武教給城局參軍事過典籤高景略景略疑
其不實密以問彥深彥深答都無此事遂被推檢珽即引伏神武
大怒決鞭二百配甲坊加鉗杻其穀倍徵未及科會并州定國寺
成神武謂陳元康溫子昇曰昔作芒山寺碑文時稱妙絕今定國
寺碑當使誰作詞也元康因薦珽才學并解鮮卑語乃給筆札就
禁所具草二日內成其文甚麗神武以其工而且速特恕不問然
猶免官散參相府文襄嗣事以爲功曹參軍及文襄遇害元康被
傷創重倩珽作書屬家累事并云祖喜私有少許物宜早索取珽

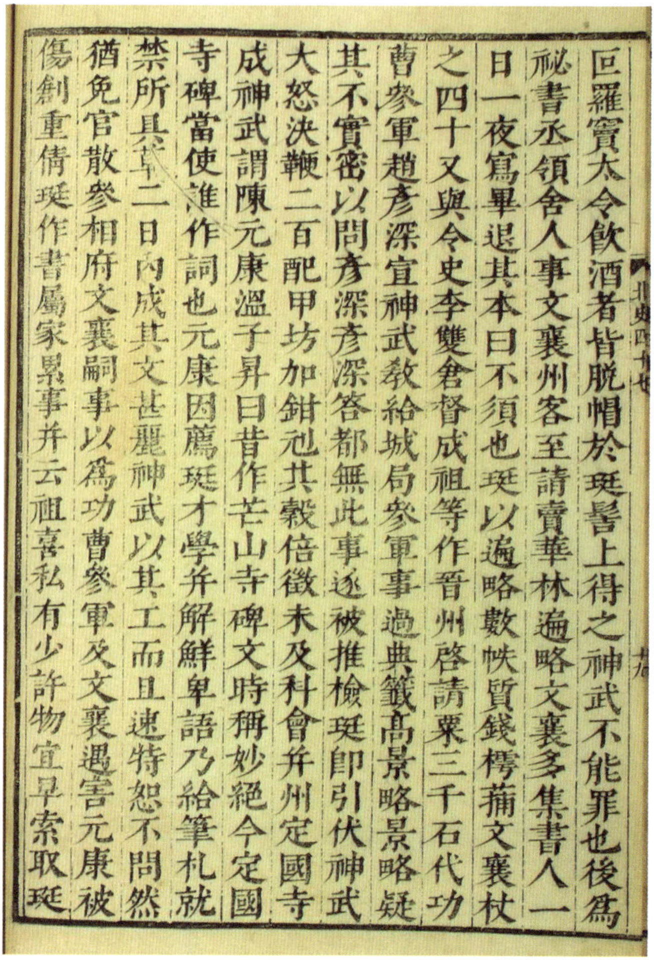

《北史・祖珽传》

据《北史・祖珽传》记载，扬州书贾到北方向东魏中书监高澄售卖《华林遍略》，高澄召集众多抄手，一日一夜写毕。这件事所蕴含的意义十分重大：其一，《华林遍略》是一部卷帙浩繁的类书，其抄录工作绝非少数人在短期内可以完成的，这说明当时书铺已经具有相当的规模；其二，《华林遍略》是南方文士编纂的书籍，书贾将其贩至北方，这种商业行为对扩大书籍的社会影响力和促进南北文化交流起到了积极作用。

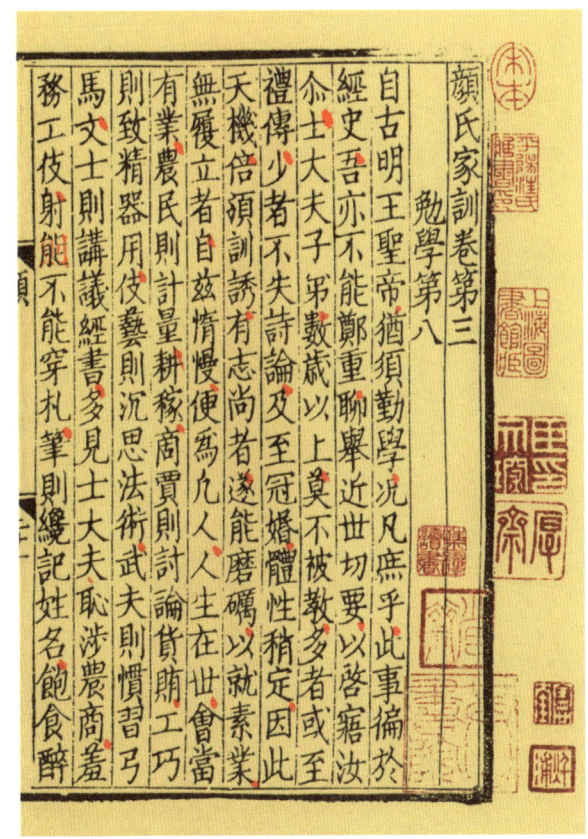

《颜氏家训》 [北齐]颜之推 元刻本 藏于中国国家图书馆

  《颜氏家训》，北朝颜之推著。全书共分二十篇，被誉为中国家训之祖。其中第一篇《序致》、第二篇《教子》、第七篇《慕贤》、第八篇《勉学》、第九篇《文章》、第十九篇《杂艺》等均谈到了与阅读相关的问题，尤以《勉学》篇讨论的问题最为集中。《勉学》篇首先阐明了勤学的重要性，然后指出学习六经的价值，接着阐述了读书的目的，最后提出读书要重视小学（文字之学），以及校书之难。在论述每个问题时，颜之推列举了自己和大量前人的事例。如阐释勤学时，颜之推首先回忆自己的经历，说明少时不学，长成后悔的道理；再列举"古人勤学，有握锥投斧，照雪聚萤，锄则带经，牧则编简，亦为勤笃"等。这些使人读来觉得生动可信。

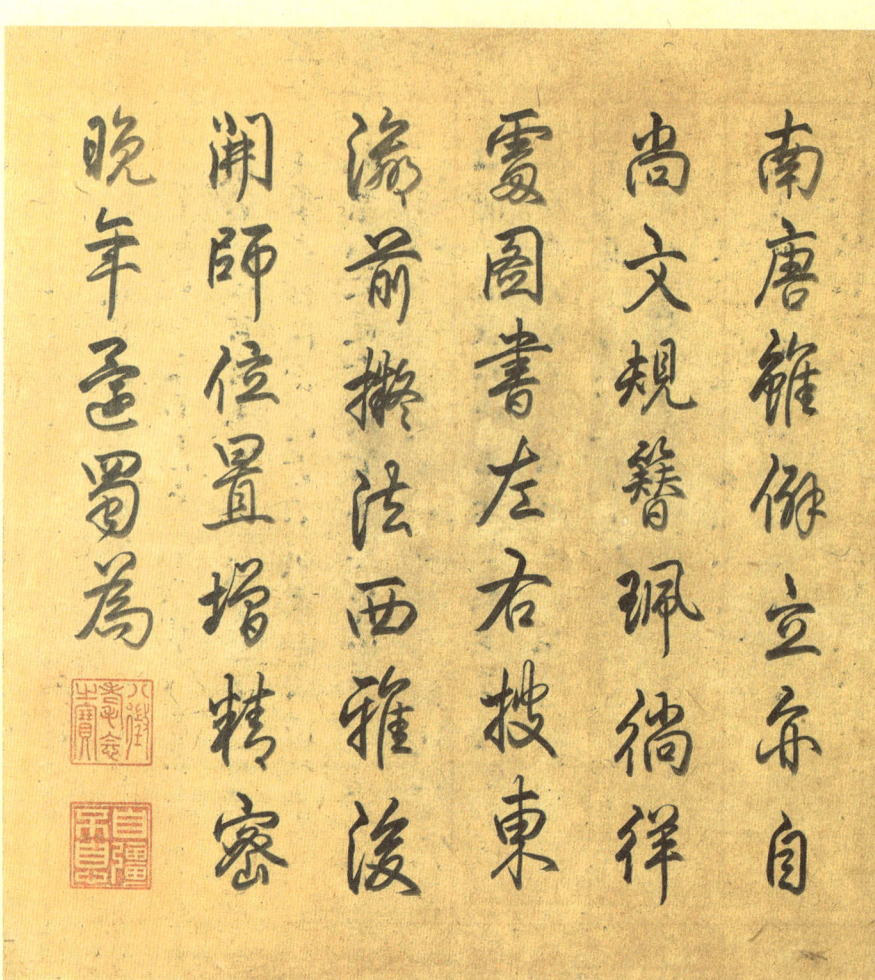

《南唐文会图》 [北宋]赵昌 绢本设色 藏于北京故宫博物院

赵昌南唐文会

上图原载于《四朝选藻册》。图绘文士四人，围一长案聚会，其中一人握笔疾书，另三人在侧围观，身后侍婢环绕。院前的荷塘，院后的芭蕉和左右丛竹老树，烘托了文人雅集时儒雅、清幽的环境，体现了南唐的文风。画面对开，其中一侧有清高宗弘历的题诗，该图曾经由清内府收藏。

《北齐校书图》 [北齐]杨子华 藏于波士顿美术馆

《白莲社图卷》(局部) [宋]李公麟 纸本 藏于辽宁省博物馆

《北齐校书图》表现的是北齐天保七年（556年），文宣帝高洋命樊逊、高乾和、马敬德等11人，借邢子才、魏收的家藏古籍，刊定内府收藏的五经诸史的情景。

慧远（334年—416年），东晋僧人，晋末遁迹庐山名刹东林寺，建白莲社，开文人结茅读书于庐山之风。历代有名人如晋末陶渊明，刘宋谢灵运，唐李白、李渤、白居易，南唐李璟，北宋李常等流连、结茅于此。

昭明太子读书台

　　昭明太子读书台，位于常熟虞山南麓，与原游文书院相邻，相传为南朝梁武帝太子萧统游学著述之处。

隋唐五代两宋

《历代帝王图——隋文帝杨坚》 [唐]阎立本

隋文帝杨坚为自己的新王朝确立了以崇儒、劝学、兴教为特点的思想文化政策,设立科举制度,广泛吸纳有才华的士人参政。隋唐以来,科举制度作为朝廷取士的国家大典,对社会阅读产生了深远的影响。

《唐太宗纳谏图》

［唐］阎立本绘

［明］徐仲和临

貞觀政要 明刻本

《玄奘负笈图》

玄奘(602年—664年),唐代高僧。唐太宗贞观年间,他跋涉万里至印度佛教中心那烂陀寺学习,回国后潜心翻译从印度带回的佛教经典。

《瑜伽师地论》 玄奘译

洛阳白马寺位于洛阳市老城东13千米的邙山南麓的洛阳河北岸，是佛教传入中原地区后，中原人兴建的第一座寺庙。东汉明帝永平十一年（68年），明帝派遣大臣出使天竺（今印度）请回佛经，用白马驮回洛阳。为纪念此事，汉明帝命人修建了白马寺，白马寺也因此被尊为汉传佛教的"祖庭"。该寺建立后，几经兴废，几度重修，至武后时期，武则天敕命重修白马寺，大兴土木，广修殿宇，将白马寺扩建成空前的规模。

洛阳白马寺

《十八学士图》

唐太宗李世民为秦王时,为了网罗人才,在宫城西开设文学馆,招徕杜如晦、房玄龄、于志宁、苏世长、姚思廉、薛收、褚亮、陆德明、

孔颖达等十八人，讨论文献，商略古今。他们被称为十八学士。《十八学士图》亦称《十八学士写真图》，由唐代的阎立本奉旨绘制，后代画家多有摹作。本图即清代宫廷画师之仿作，展现了十八学士以文论道的场景。

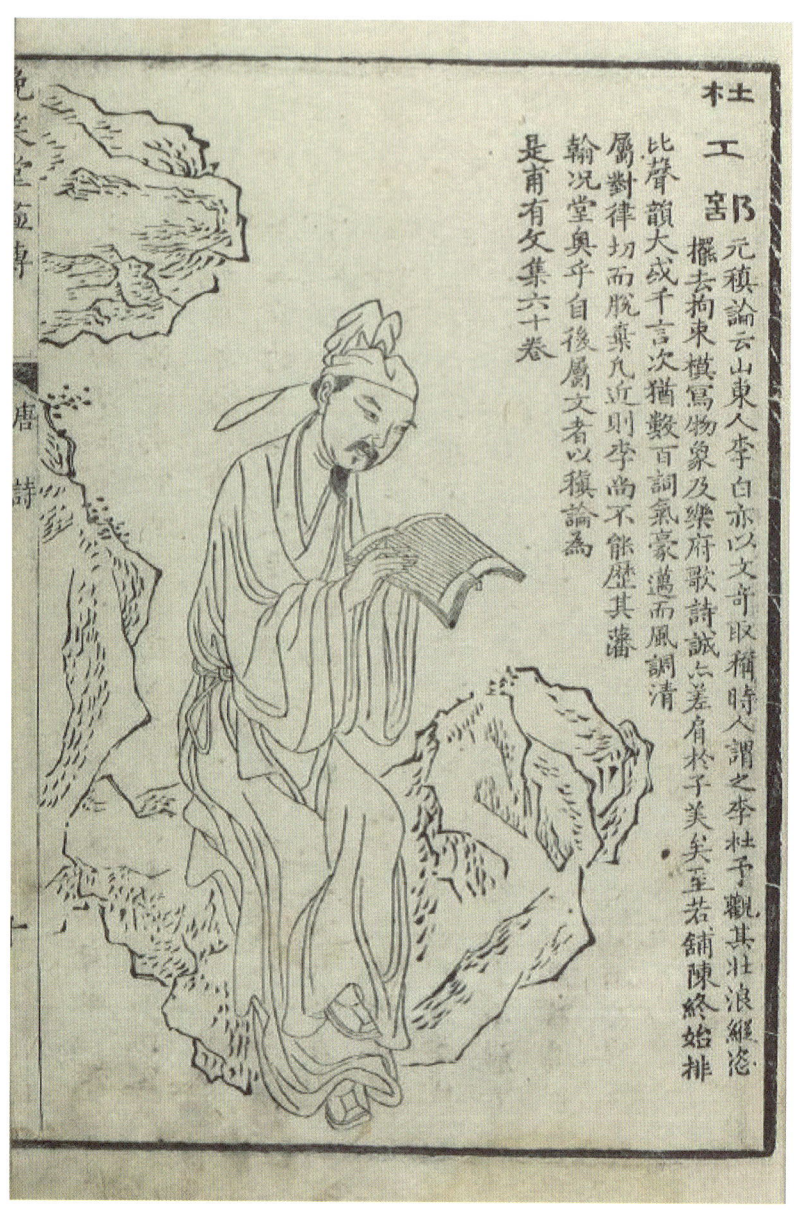

杜甫像　出自清代上官周《晚笑堂竹庄画传》　乾隆八年（1743年）刻本

杜甫"读书破万卷"的阅读精神对后代的读书人影响巨大。

隋唐五代两宋 | 73

四川成都杜甫草堂

李适画像　出自清代丁观鹏的《墨妙珠林图册》

　　李适，字子至，京兆万年（今陕西西安）人。武则天时期，李适预修《三教珠英》，擢修文馆学士，仕至工部侍郎，撰有《九经要句》等。

《陋室铭图》 ［清］黄应谌 藏于台北故宫博物院

《鲁公写经图》 ［清］陆恢

　　本图取材于唐代书法家颜真卿（被追封为鲁公）写经的故事。图绘竹林怪石，前列一长案，颜真卿端坐案前，面对水边的孔雀垂目合掌，正准备开始写经。唐德宗时，藩镇李希烈叛乱，当朝宰相卢杞为陷害颜真卿，派其入李希烈营中劝降。颜真卿来到敌营，面对敌将的威逼利诱，岿然不动，坚持气节，被软禁一年后，遭李希烈杀害。

隋唐五代两宋 | 77

《钟馗读书图》 齐白石
约作于 20 世纪 20 年代初

　　钟馗是中国民间传说中的驱妖逐邪之神。相传他为唐高祖时人，貌丑，好读书，为人正直。因多次应试不举，愤恨考官以貌取人，性情刚烈的钟馗一怒之下，撞死在殿试台阶上。后唐明皇梦小鬼盗玉笛，被一大鬼捉而啖之，大鬼自云他乃终南山进士钟馗。唐明皇醒后，命吴道子为之画像，此后钟馗逐渐演变为驱邪之神。

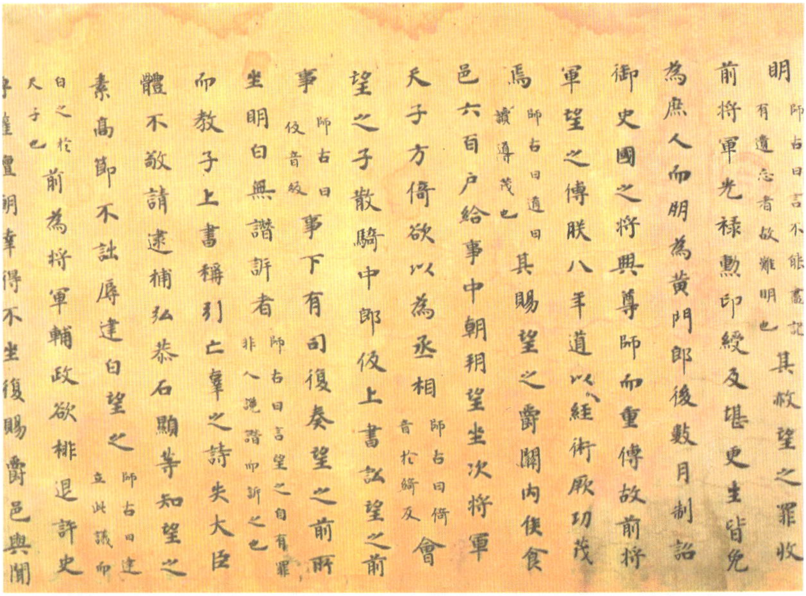

明師古曰言不能盡記有遺忘者故難明也其赦望之罪收
前將軍光祿勳印綬及堪更生皆免
為庶人而明為黃門郎後數月制詔
御史國之將興尊師而重傅故前將
軍望之傅朕八年道以經術厥功茂
焉師古曰道讀曰導茂美也其賜望之爵關內侯食
邑六百戶給事中朝朔望坐次將軍
天子方倚欲以為丞相師古曰倚音於綺反會
望之子散騎中郎伋上書訟望之前
事師古曰伋音級事下有司復奏望之前所
坐明白無譖訴者師古曰言望之自有罪非人譖而訴之也
而教子上書稱引亡辜之詩失大臣
體不敬請逮捕弘恭石顯等知望之
素高節不詘辱建白望之師古曰建立此議而白之於天子也前為將軍輔政欲排退許史
子弟憚豐明朝得不坐復賜爵邑與聞

《汉书·萧望之传》 颜师古注 敦煌写本

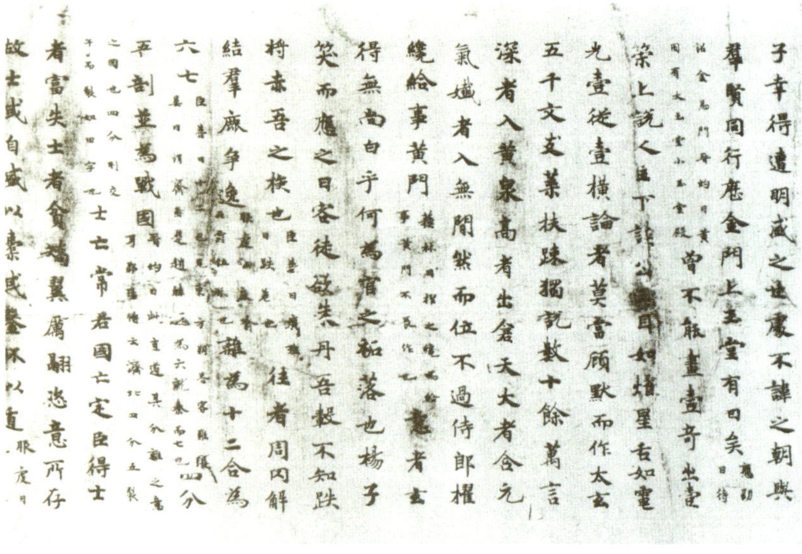

子幸得遭明盛之世處不諱之朝與
羣賢同行歷金門上玉堂有日矣
曾不能畫壹奇出壹
策上說人主下談公卿目如燿星舌如電
光壹從壹橫論者莫當顧默而作太玄
五千文支葉扶疏獨說數十餘萬言
深者入黃泉高者出蒼天大者含元
氣纖者入無閒然而位不過侍郎擢
纔給事黃門意者玄
得無尚白乎何為官之拓落也揚子
笑而應之曰客徒欲朱丹吾轂不知跌
將赤吾之族也往者周罔解
結羣鹿爭逸離為十二合為
六七四分
五剖並為戰國士亡常君國亡定臣得士
者富失士者貧矯翼厲翮恣意所存
故士或自盛以橐或鑿坏以遁

《文选》 李善注 敦煌写本

白紵詞三首

楊清哥發皓齒北方佳人東隣子且吟白紵傳綠水長袖拂面為君起寒雲夜
卷霜海空胡風吹天飄塞鴈玉顏滿堂樂未終
館娃日落哥吹淥月寒江清夜沈々美人一笑千黃金垂羅舞轂揚長音鄧中
白雪且莫吟子夜吳聲動三君心々巽君賞願作天池雙鴛鴦一朝飛去綠雲上
吳刀剪綺遊舞衣明糚麗服奪春暉揚袖若雪飛傾城獨立世所稀激楚
結風醉忘歸高堂月落燭巳微玉釵綰纓君莫違

飛龍引二首

黃帝鑄鼎於荊山煉丹沙々成黃金騎龍飛去太上家雲愁海思令人嗟官中
綵女顏如花飄鈒揮手淩紫霞從風縱登鸞三車倚軒轅遨遊青天中其樂
不可言

鼎湖水清且閒軒轅去時有弓劎古人傳道當其閒後
官嬋娟多花顏乘鸞飛煙々不絕騎龍攀天造々天三閒々閒天語毛雲車載
玉女々過紫々皇々乃賜白兔所搗之藥後天雨无洞三光下視瑤池見西母蛾眉

《修文殿御览》 敦煌写本

生與中天壽不可量正體
玉之氣內養故不表於外是以行必依洲止
不集林分蓋羽挨之宗長仙人之駢驢也鶴
之上相瘦頭尖頂露眼黑精故逺視隆鼻短
喙故少眠體離頰骶耳故聽鼇長頸俛身故
善鳴山頜亦聲則體輕鳳翼雀毛故善飛龜
背鼇腹故能產軒前重後則其舞高脚厭
節則有力洪脾纖脂能行此相之備者鳴則
聲聞于天飛則一舉千里仙聖之所乘不崇
朝而遍四海者也鶴二年落子毛易點三年
頭赤七年產伏頂七年羽翮其頂七年飛薄
雲漢頂七年學舞頂七年無節頂七年晝

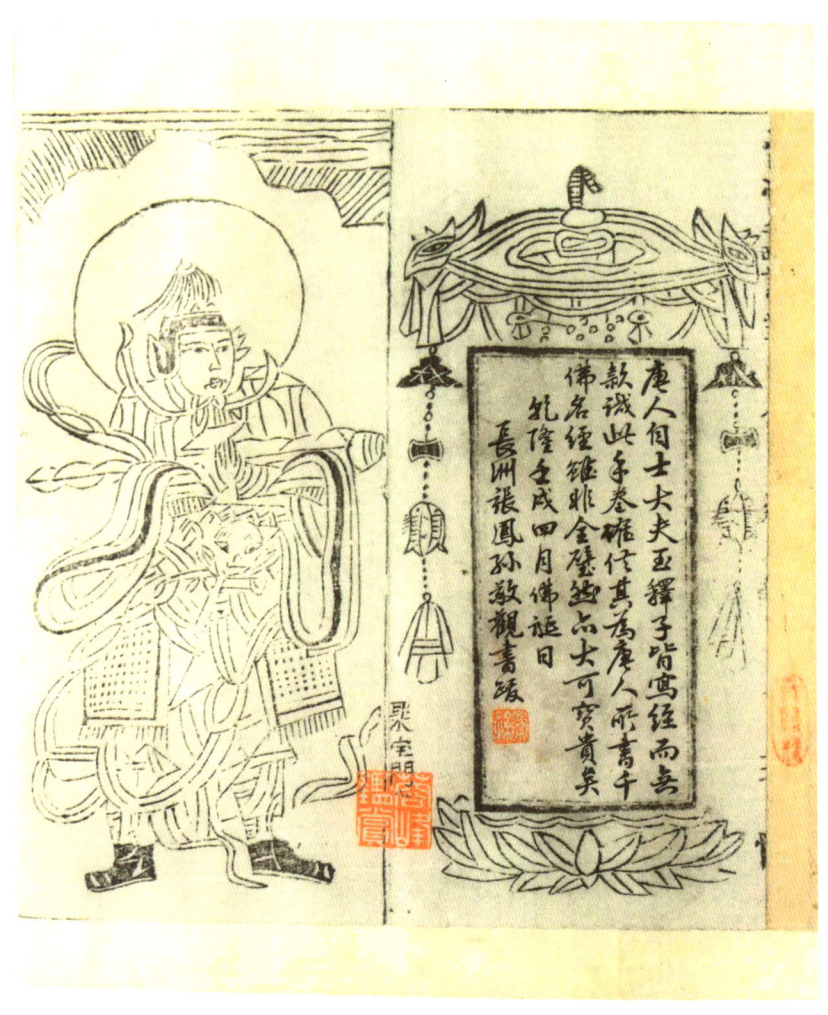

《佛说佛名经》 唐文人写本 藏于上海图书馆

《红叶题诗仕女图》
[明]唐寅

红叶题诗的故事,源出唐孟棨的《本事诗》。

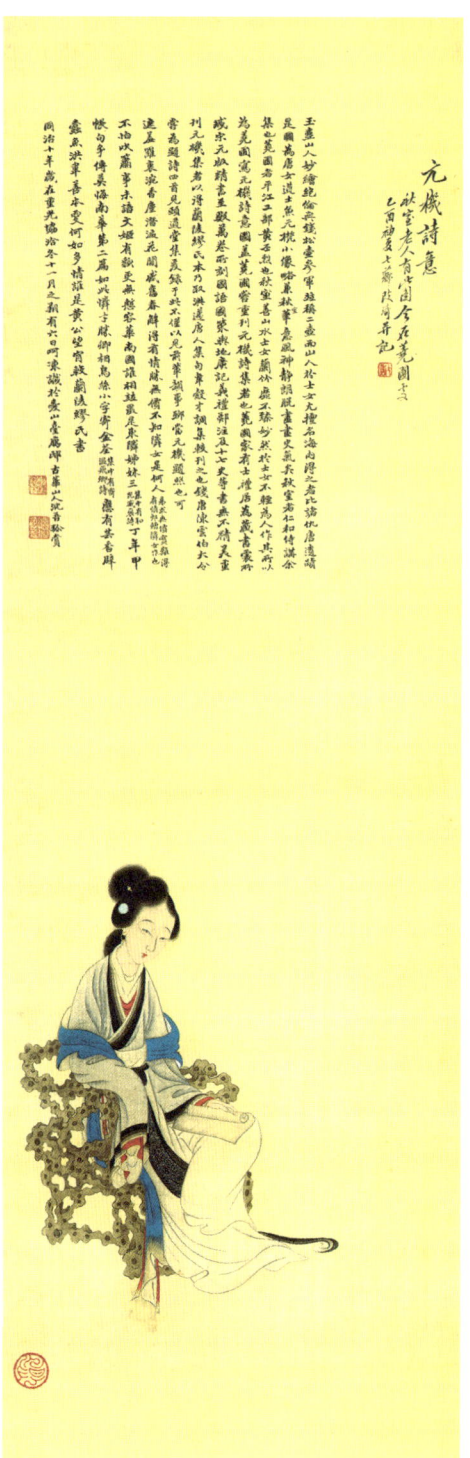

《元机诗意图》
[清] 改琦
藏于北京故宫博物院

鱼玄机,唐代女诗人,为避康熙帝讳,清人将其改称为"元机"。鱼玄机有才思,好读书。

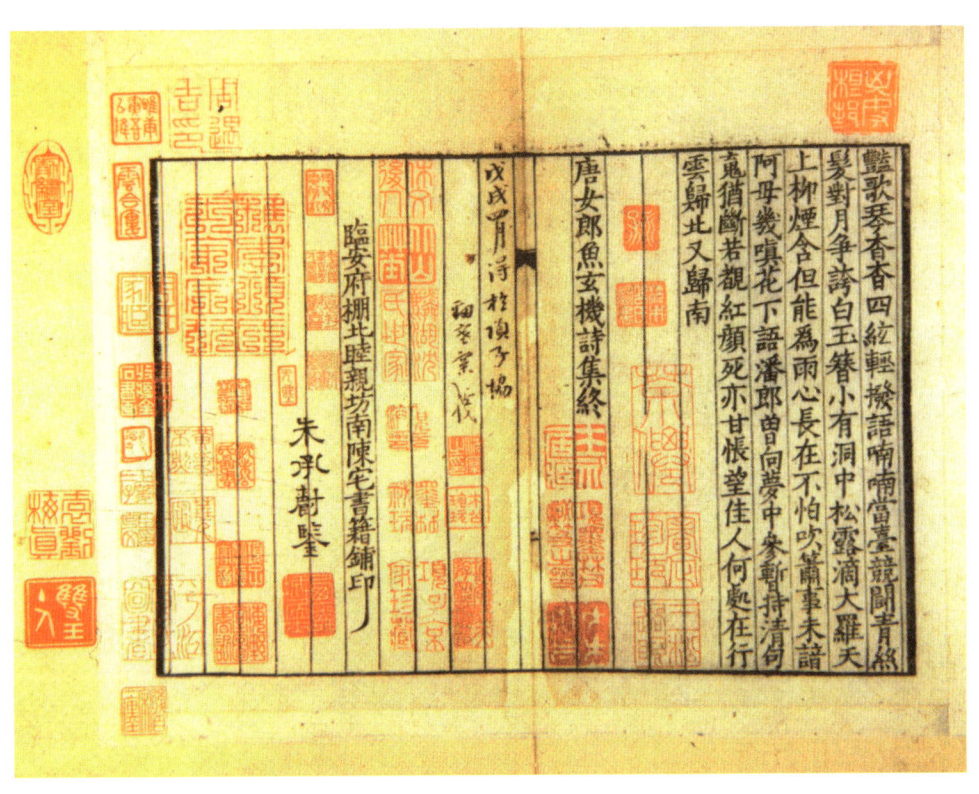

《唐女郎鱼玄机诗集》 南宋陈起刻本

《杜甫诗意图》
[清] 王时敏

　　《杜甫诗意图》为王时敏所作《杜甫诗意画册》中的第五幅图，描绘的是杜甫所作诗《涪城县香积寺官阁》中颔联（含风翠壁孤云细，背日丹枫万木稠）的意境：登上香积寺官阁，放眼但见山腰孤云飘荡，阳光下，丹枫在绿树翠叶丛中，显得分外妖娆。画面丹红翠绿，鲜活欲滴，读之赏心悦目。

　　在中国古代阅读史上，"读画"是一种重要的阅读活动和阅读体验，值得重视。传世文学名作往往有书画名家用书法绘画的艺术手法进行视觉再现。从晋顾恺之的《洛神赋图》，到宋代张敦礼的《九歌书画卷》、明代仇英的《赤壁图》等，名作频出，数不胜数。这种堪称诗书画合璧的视觉艺术作品，既扩大了优秀文学作品的传播，又能提高读者阅读的趣味和审美的水平。

隋唐五代两宋 | 87

《苏东坡像》
［元］赵孟頫

苏轼（1037年—1101年），四川眉州眉山（今属四川省眉山市）人，字子瞻，又字和仲，号铁冠道人、东坡居士，世称苏东坡。他是北宋著名的文学家、书法家、画家。

《东坡集》 ［宋］苏轼　南宋刻本　藏于日本国立公文书馆

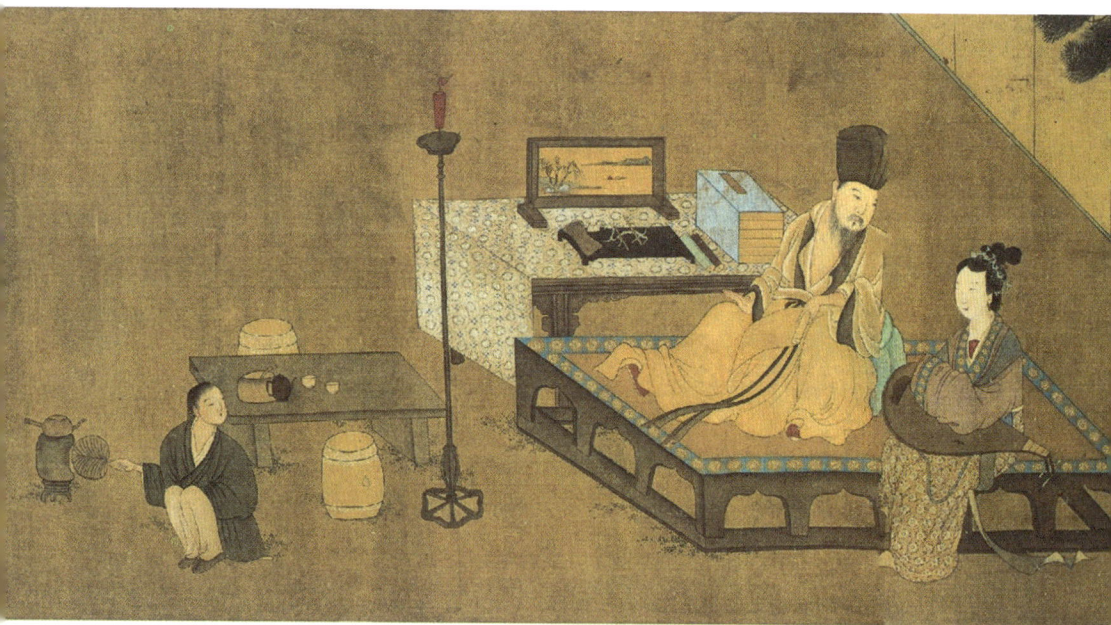

苏轼一生博览群书，且大力倡导读书。他在《李氏山房藏书记》中强调读书的重要性，对当时科举之士"束书不观，游谈无根"的做法提出批评。勤奋读书，成就了他文学艺术创作上的辉煌。

《东坡寒夜赋诗图卷》 ［明］仇英

朱熹石刻像

朱熹（1130年—1200年），字元晦，号晦庵，别号紫阳，祖籍徽州婺源（今属江西）。他是南宋的思想家、哲学家、教育家，儒学集大成者，著有《四书章句集注》等。

白鹿洞书院

　　白鹿洞书院，位于九江庐山五老峰南麓，始建于南唐升元年间，它与当时的岳麓书院、应天府书院、嵩阳书院并称"四大书院"。朱熹在江西任职时，曾在此讲学，并作《白鹿洞书院学规》。

白鹿洞书院

岳麓书院

岳麓书院是中国最古老的书院之一，"宋初天下四院之首"，坐落于长沙城西岳麓山山麓。书院始建于北宋开宝九年（976年），南宋著名理学家张栻、朱熹等曾在此讲学。千年以来，作育湘乡才俊，为中华民族培养了无数栋梁之才。1926年，湖南大学在岳麓书院的基础上组建而成，岳麓书院旧址被完好地保存在学校内部，如今该书院为湖南大学的下属学院。

御书楼是岳麓书院的藏书楼，书院创建之时即建有此楼，得宋真宗赐书后更名为"御书楼"，元明亦称"尊经阁"。

岳麓书院·时务轩

隋唐五代两宋 | 95

岳麓书院·御书楼

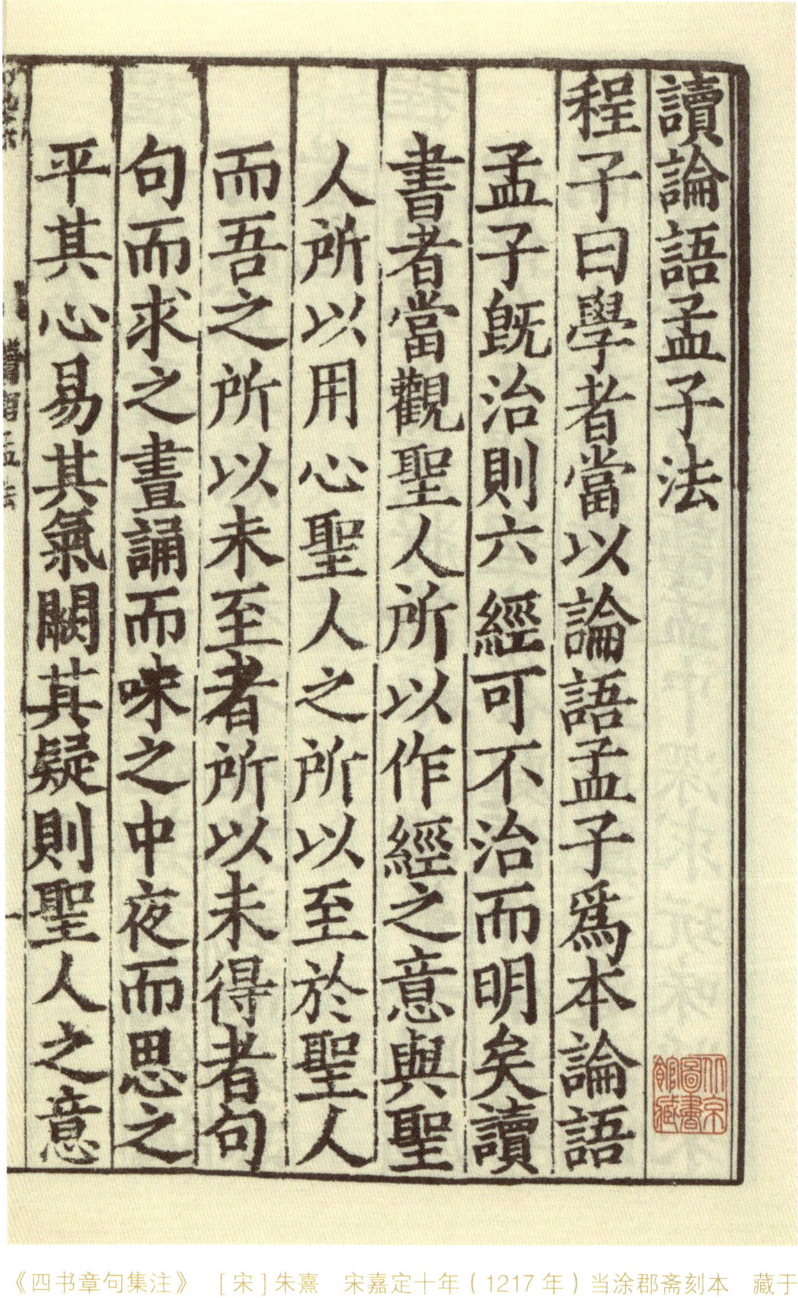

讀論語孟子法

程子曰學者當以論語孟子為本論語
孟子既治則六經可不治而明矣讀
書者當觀聖人所以作經之意與聖
人所以用心聖人之所以至於聖
而吾之所以未至者所以未得者句
句而求之晝誦而味之中夜而思之
平其心易其氣闕其疑則聖人之意

《四书章句集注》 [宋] 朱熹 宋嘉定十年（1217年）当涂郡斋刻本 藏于中国国家图书馆

讀書

吾生本寒儒，老尚把書卷。眼力雖已疲心
意殊未倦。正經首唐虞，偽說起秦漢篇章
異句讀，解詁及箋傳。是非自相攻，去取在
勇斷。初如兩軍交（一作兵），乘勝方（一作酣）戰
當其旗鼓催，不覺人馬汗。至哉天下樂，終

開元天寶物盛極，自此中原疲戰爭英雄
白骨化黃土，富貴何止浮雲輕。雖有文章
爛日星氣凌山岳，常崢嶸賢愚自古皆共
盡，突兀空留後世名

《欧阳文忠公集》　宋庆元二年（1196年）周必大刻本　藏于中国国家图书馆

呂氏家塾讀詩記卷第一

綱領

論語詩三百一言以蔽之曰思無邪程氏曰思無邪誠也○謝氏曰君子之於詩非徒誦其言又將以考其情性非徒以考其情性又將以考先王之澤蓋法度禮樂雖亡於此猶能併與其深微之意而傳之故其爲言率皆樂而不淫憂而不困怨而不怒哀而不愁如緑衣傷已之詩也其言不過曰我思古人俾無訧兮擊鼓怨上之詩也其言不過曰土國城漕我獨南行至軍旅數起大夫久役止曰自詒伊阻行役無期度思其危難以風焉不過曰苟無飢渴而已若夫言天下之事美盛德之形容固不待言而可知也其與憂愁思慮之作孰能優游不迫也孔子所以有取焉○作詩者如此讀詩者其可以邪心讀之乎

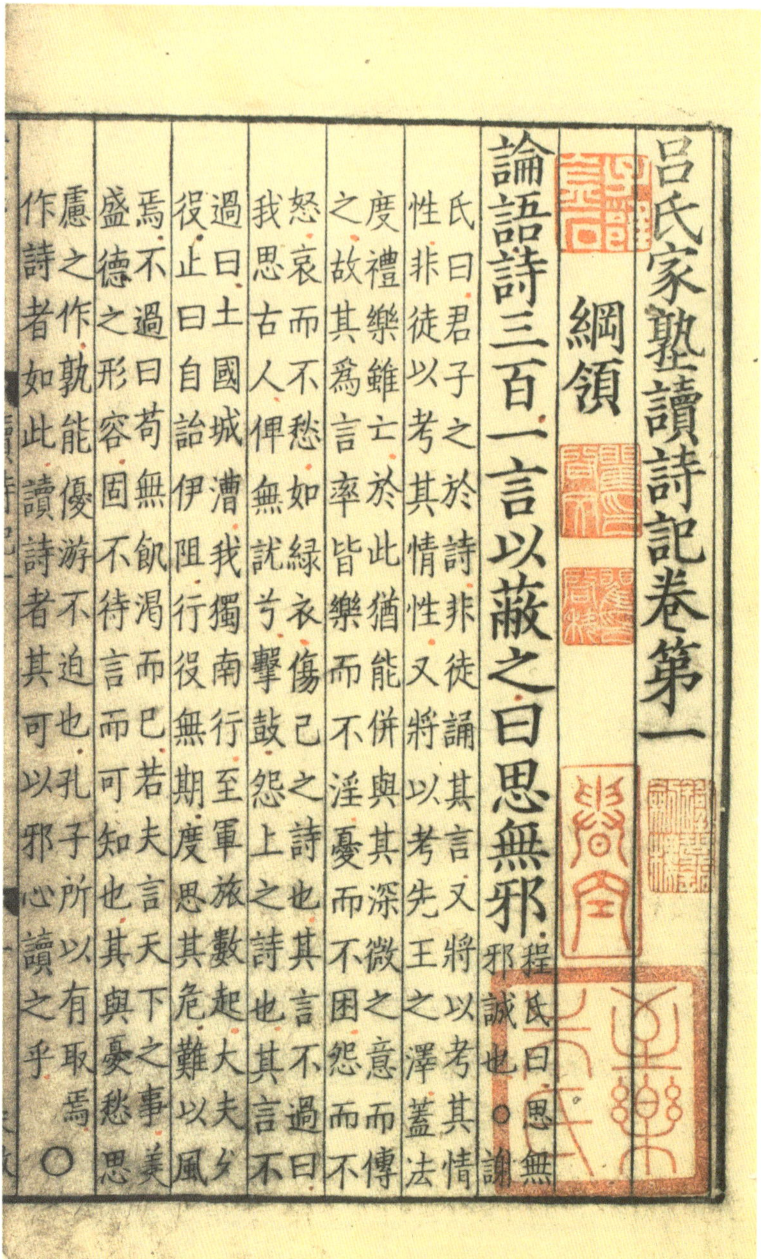

《吕氏家塾读诗记》 ［宋］吕祖谦 宋淳熙九年（1182年）江西漕台刻本 藏于中国国家图书馆

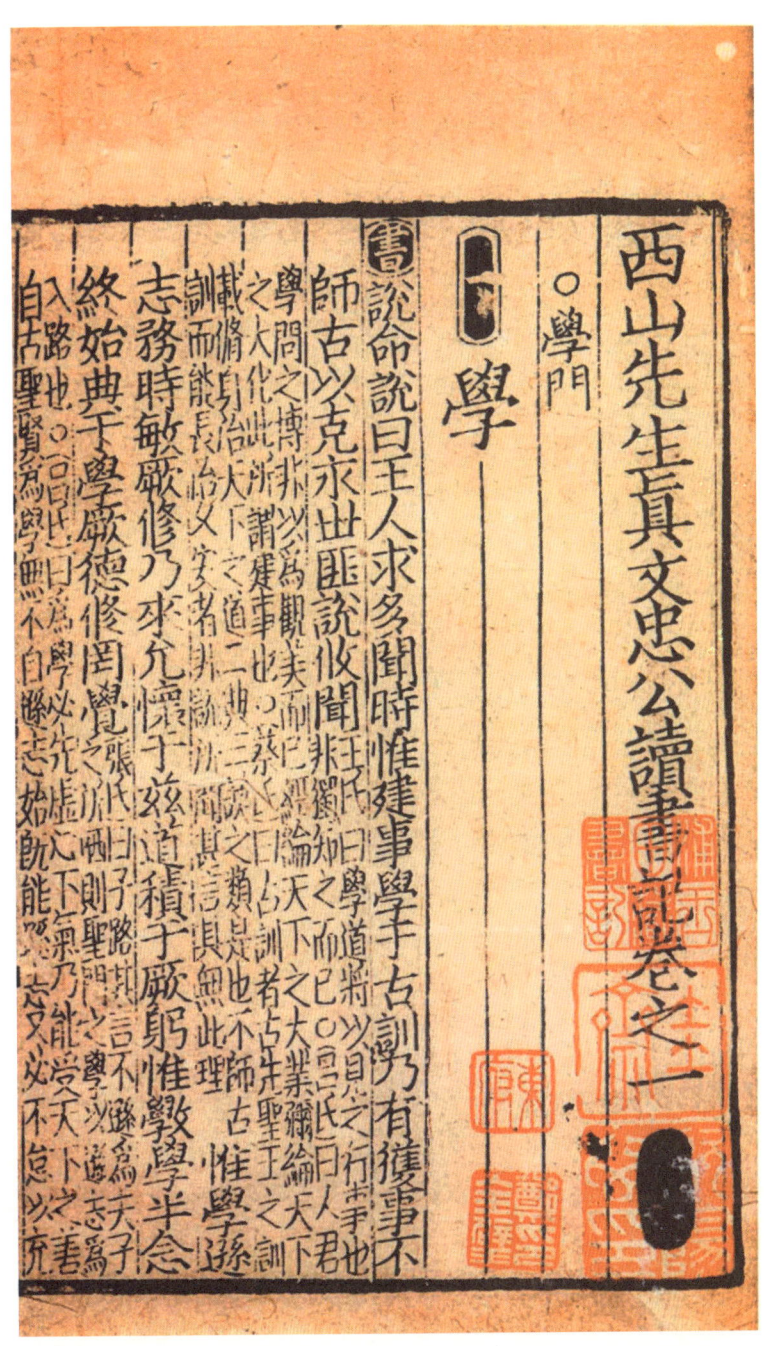

《西山先生真文忠公读书记》 [宋]真德秀 元刻本 藏于上海博物馆

景德四年三月召輔臣對太清樓啟局饋觀
太宗聖製御書及新寫四部群書
真宗親執目錄令黃門舉書示之凡
太宗聖製詩及墨迹三百七十五卷文章九十二卷
四部書二萬四千一百九十二卷過水亭放生池又
束至玉宸殿盖退朝宴息之所中施御榻帷帳皆黃
繒無文彩飾殿中聚書八千餘卷
儀曰此惟正經校定者小說他書不預歷翔鸞
閣二閣眺望命坐置酒
工作五言詩從官皆賦
臣等曰
真宗乘間博覽書林玩古自適飢以弭遊
佚拓侈欲故太清玉宸之藏得於先訓
太宗嘗曰朕聽政之暇未嘗畫寢讀書寫字
得其趣開卷見前代慶興自為鑒戒其未聞未
見之事多矣茲以見聖人寄懷翰墨念經國憂
政之重也

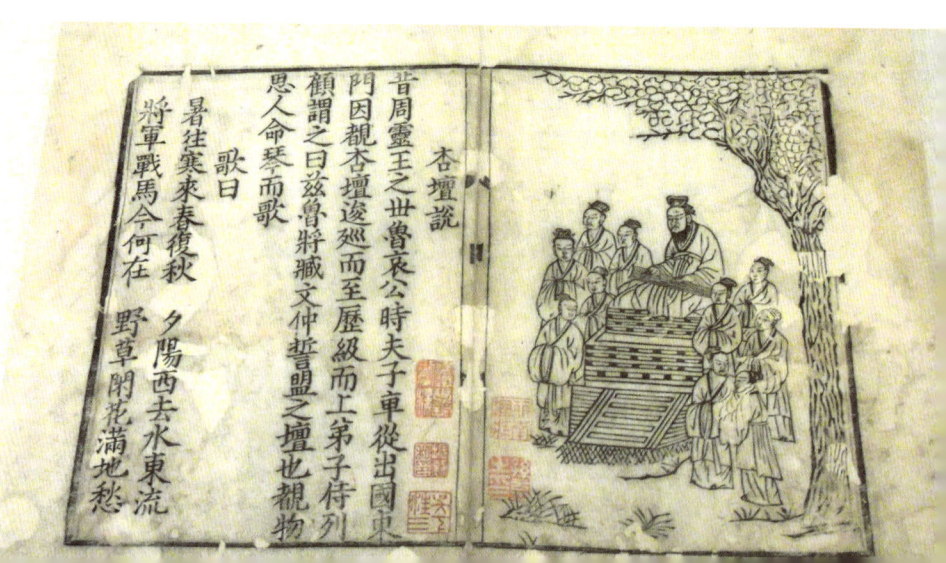

《太清观书》

《太清观书》是景德四图之一,由宋人所绘。该作品描绘了景德四年宋真宗率大臣登太清楼观览藏书的场景。

《东家杂记》二卷
[宋]孔传

《东家杂记》二卷是宋刻递修本,这张《杏坛图》是现存书籍插图中最早出现孔子形象的图。

《独乐园图》（局部）　［明］仇英　藏于美国克利夫兰美术馆

北宋司马光撰有《独乐园记》，描绘了他在洛阳的宅园。《独乐园图》正是取材于此，按照《独乐园记》中的描写顺序绘成，其中就有司马光"聚书出五千卷"的"读书堂"。

《司马温公读书法》
［宋］费衮
见《梁溪漫志》卷三

《文苑图卷》（宋摹） ［五代］周文矩 藏于美国大都会艺术博物馆

《文苑图卷》展现的是唐代诗人王昌龄在他的任所江宁琉璃堂与诗友李白、高适等聚会的情景。

《宋人人物图》

《宋人人物图》是由宋人所绘,著录于《石渠宝笈》,现藏于台北故宫博物院。此图展现了宋代儒士居家读书的场景。

隋唐五代两宋 | 105

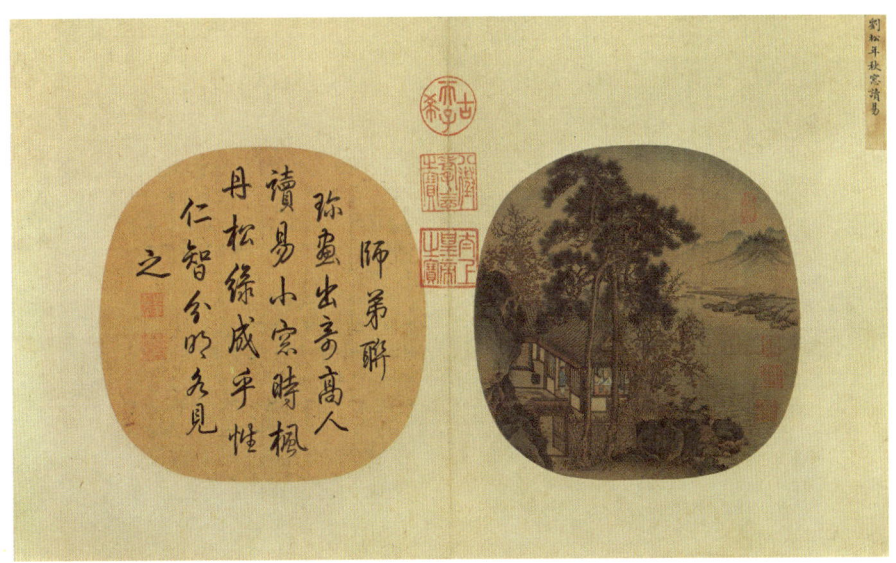

《秋窗读书图》 ［宋］刘松年

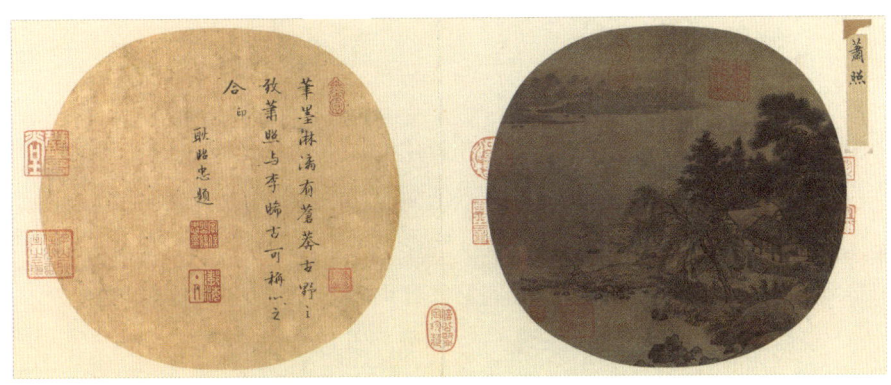

《柳堂读书图》 ［宋］萧照

《观榜图》(局部) [明]仇英 藏于台北故宫博物院

科举制度是隋唐制度建设中的一个创举,为包括寒门子弟在内的文士铺就了一条通向成功的锦绣之路,在中国历史上影响巨大。儒雅斯文的读书人一旦中举及第,飞名竹帛,流誉缙绅,常会一反往日拘谨之态,"春风得意马蹄疾,一日看尽长安花"。而刘禹锡笔下的景象"礼闱新榜动长安,九陌人人走马看。一日声名遍天下,满城桃李属春官",则反映了社会对此倾注的热忱和欣羡。仇英的《观榜图》可以说是刘禹锡诗句的诗意图。

《观榜图》（局部）

巫山高不窮迴出荊門中灘聲下濺石猨鳴上逐風樹雜
山如畫盡一作 林暗澗疑空無因謝神女一為出房櫳 梁王泰
迢遞巫山岫一作 遠天新霽時楂交凉去遠草合影開遲
同前
谷深流響咽峽近猨聲悲只言雲雨狀自有神仙期
同前 梁范雲
巫山高不極白日隱光輝靄靄朝雲去冥冥暮雨歸巖懸
獸無跡林暗鳥疑飛枕席竟誰休一作 薦相望日空一作依依
同前 梁蕭銓
下桂影月一作 深澗響松風別有仙雲起時向楚王宮
巫山映巫峽高高殊未窮猨聲不辨處雨色詎分空懸崖
同前 虞羲
南國多奇山荊巫獨靈異雲雨麗以佳陽臺重怨千里思一作
勿言再可可再作 得特美君王意高唐一斷絕光陰不可遲
同前 劉繪
高山與巫山參差鬱相望灼爍在雲間氤氳出雲霞一作上
散雨收夕臺行雲卷晨帳出沒不易期嬋娟似惆悵

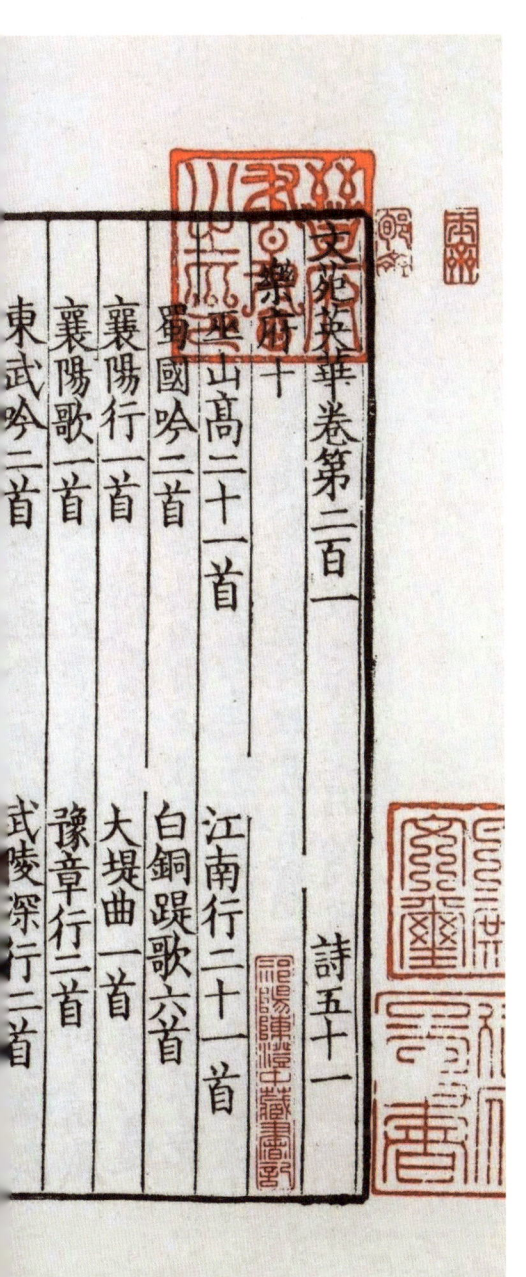

《文苑英华》
蝴蝶装(新的书籍装帧形式)

《文苑英华》一千卷,由李昉、扈蒙等17位儒臣奉敕编纂,全书按文体分类,时间上承接《文选》,收录梁末至唐代的诗文作品19102篇,绝大部分为唐人之作。其成书于雍熙三年(986年),上距唐亡仅80年,许多唐代的重要文集当时还没有散佚,所以该书保存了大量不见于他书的唐人作品,是一部值得珍视的诗文总集。

蝴蝶装盛行于宋代,其折叶方式为版心向内,单口向外。然后把折叶依次排齐,在版心背面即折口上粘胶,使折口统一粘贴在一张裹背纸上。首尾书衣用硬纸衬装,考究的再用绫、锦等高档织品裱褙。书一打开,书叶向两边展开,宛如蝴蝶的双翅,故以"蝴蝶装"命名。现藏于中国国家图书馆的《文苑英华》是宋时原装,其书衣有"景定元年十月装背臣王润照管讫"的字样,极为珍贵。

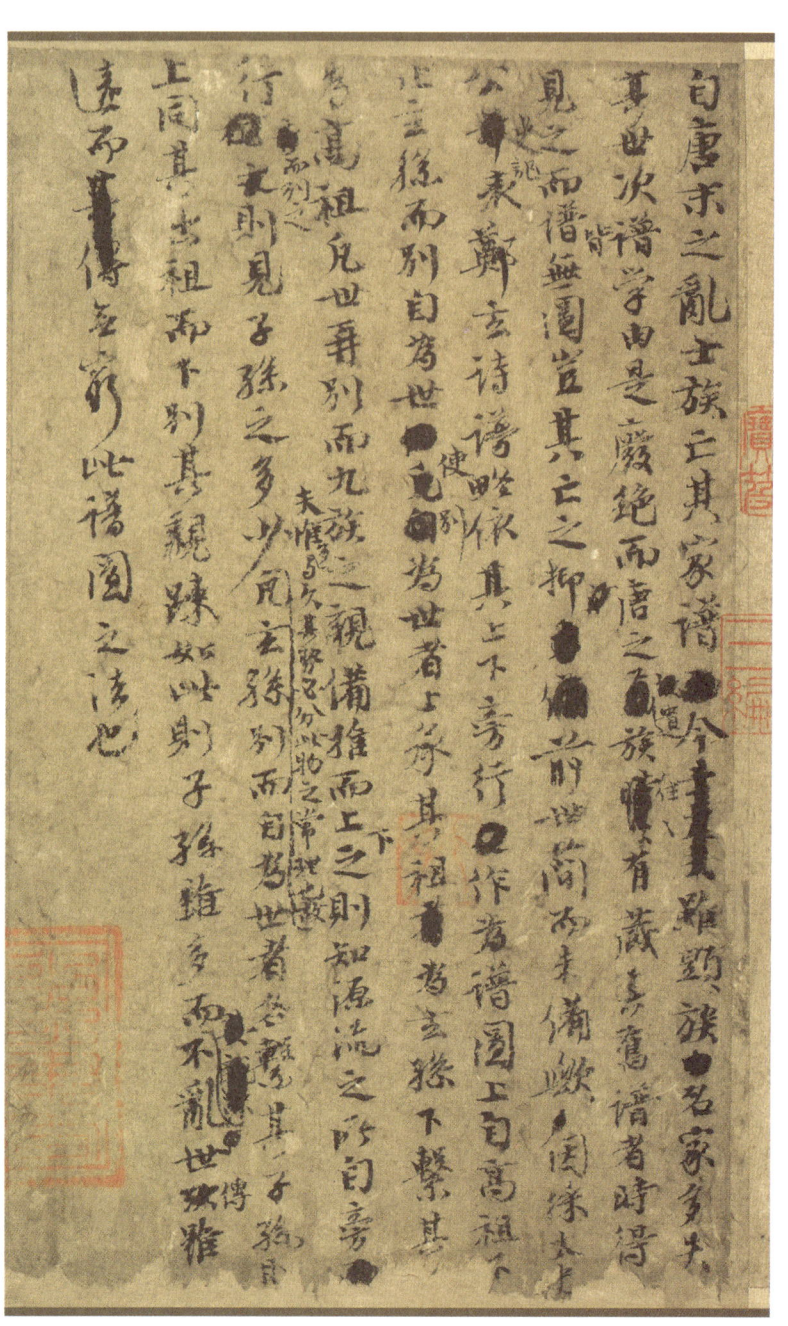

《谱图序》手稿 [宋]欧阳修

爾雅卷上

郭璞注

釋詁第一

釋言第二

釋訓第三

釋親第四

釋詁第一

初哉首基肇祖元胎俶落權輿始也 尚書曰三月哉生魄詩曰訪予落止又曰胡不承權輿胚胎未成亦物之始也今終有俶又曰俶載南畝又曰訪予落止又曰胡不承權輿胚胎未成亦物之始也今終有俶又曰俶載其餘皆義之常行者耳此所以釋古今之異言通方俗之殊語 林烝天帝皇王后辟公侯君也 詩曰有壬有林又曰文王烝哉其餘義皆通見詩書 弘廓宏溥介純夏幠厖墳嘏丕弈洪誕戎駿假京碩濯訏宇穹壬路淫甫景廢壯冢簡劉昄胚將業席大也 詩曰我受命溥將又曰閟宮有侐實實枚枚如此無為下國

《爾雅》 宋刻本 藏於中國國家圖書館

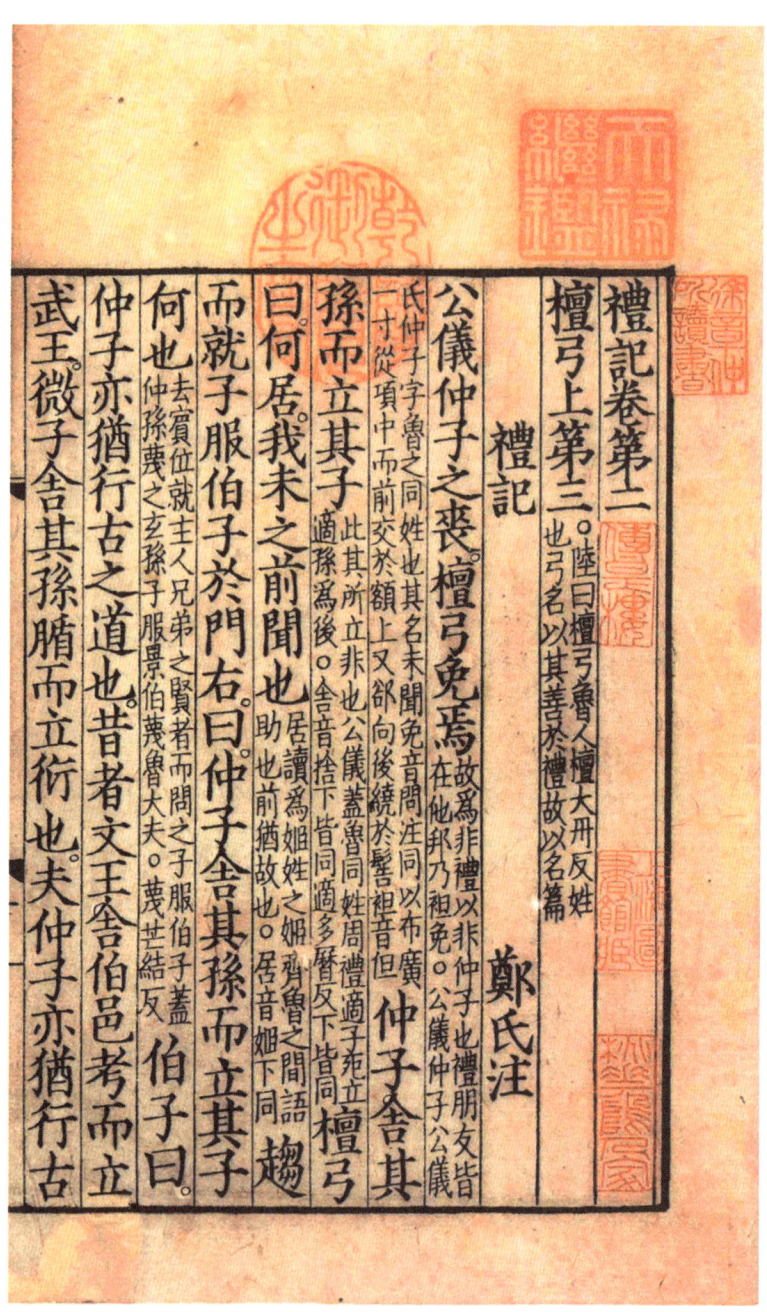

《礼记》 [汉]郑玄注 [唐]陆德明音义 宋余仁仲万卷堂家塾刻本
藏于上海图书馆

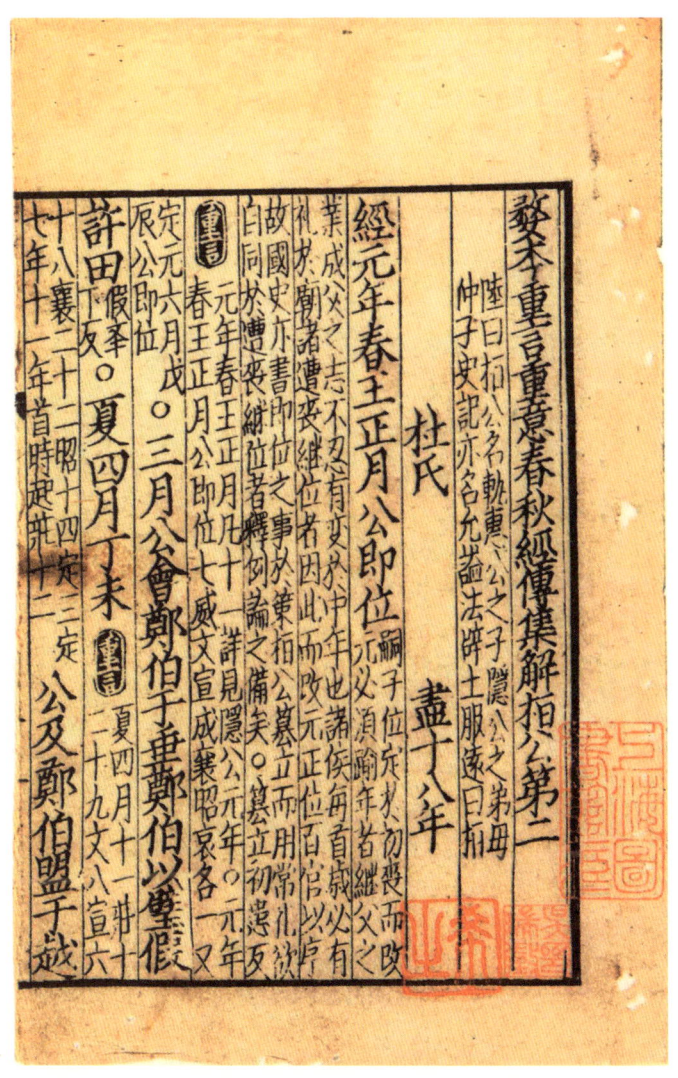

《婺本附音重言重意春秋经传集解》 ［晋］杜预撰 ［唐］陆德明释文 宋刻本 藏于上海图书馆

所谓"附音",表示该书附注音义;所谓"重言",即将一书中字句相同的文字予以标注;所谓"重意",则是将一书中意义相同或相近的词句予以标注。这类书籍主要是在科举考试大兴后,为了士子应试需要编写的,大多为书肆所刻。

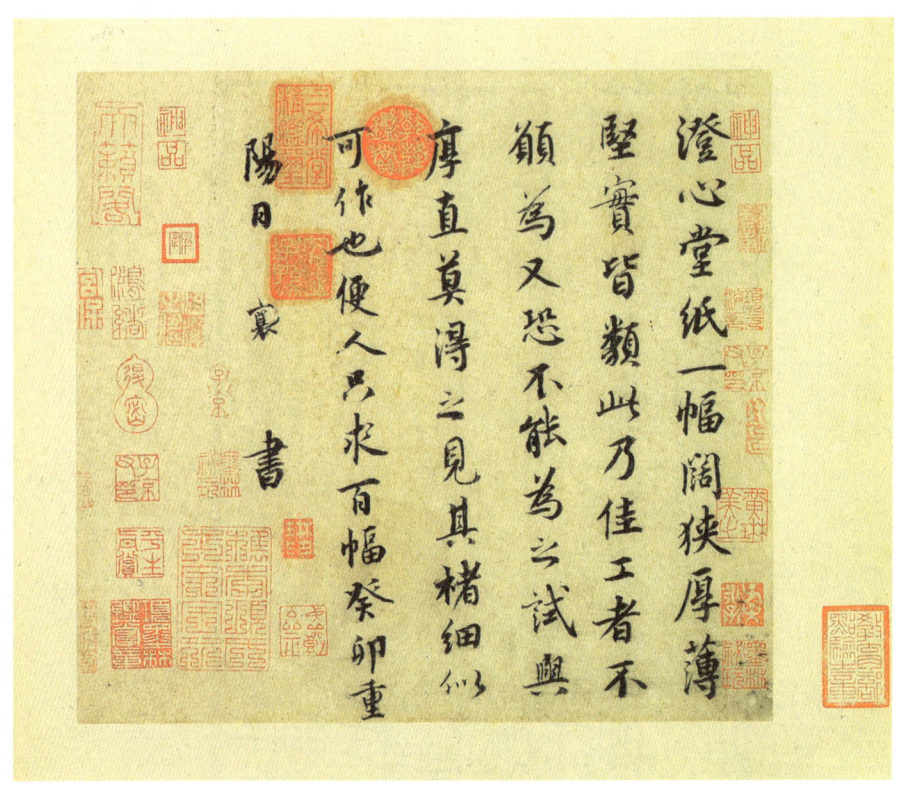

《澄心堂帖》 ［宋］蔡襄 藏于台北故宫博物院

宋代是中国书法艺术继东晋、盛唐后的又一次高峰。"苏轼、黄庭坚、米芾、蔡襄"并称书法宋四家。书法是古代读书人修身养性、提高个人修养的重要方式，也是文人的基本功。

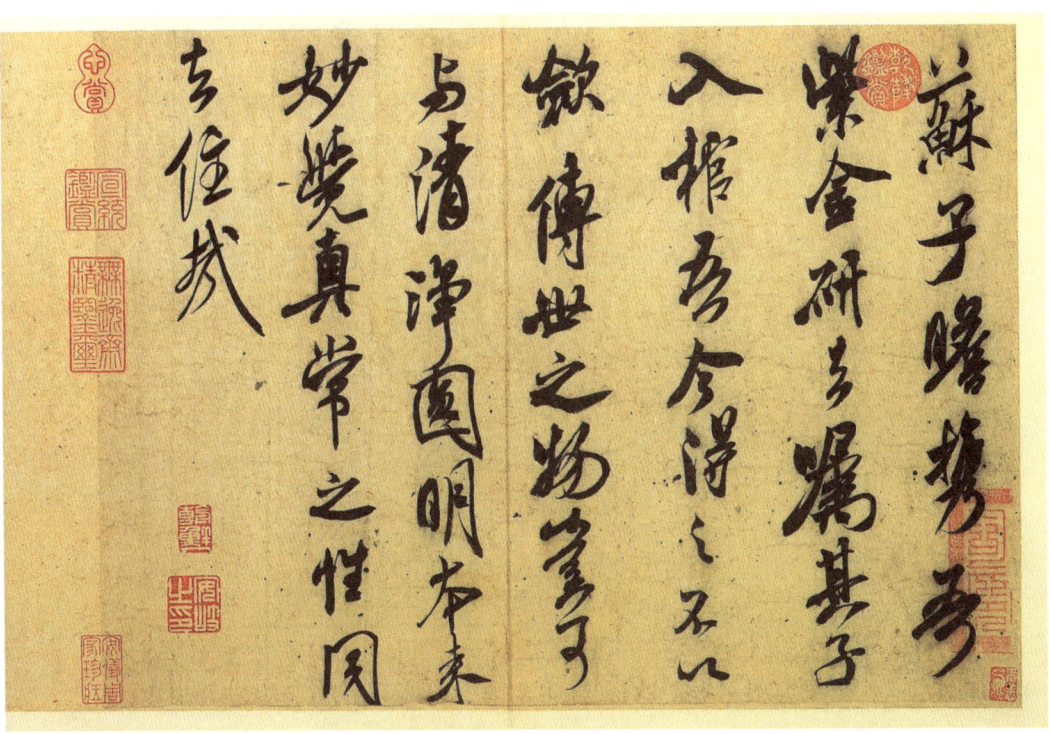

《紫金砚帖》 [宋]米芾

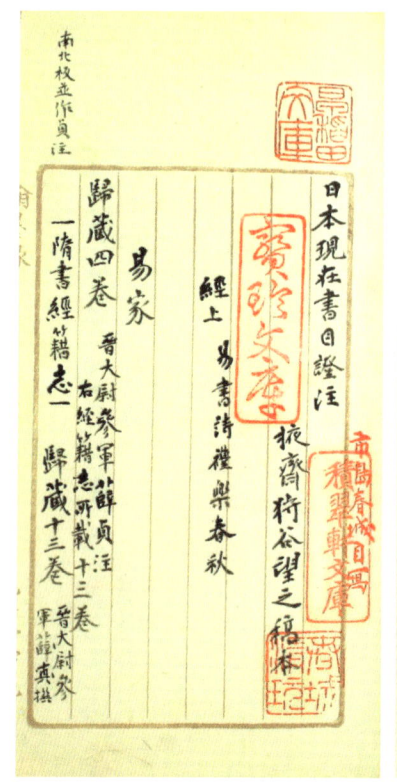
《日本见在书目证注》 狩谷望之 稿本

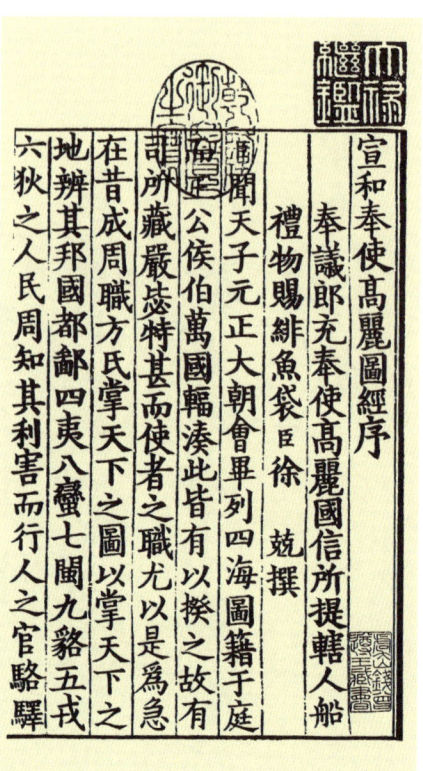
《宣和奉使高丽图经》[宋]徐兢 宋乾道三年（1167年）江阴郡学刊本

宋宣和年间，徐兢出使高丽，在所著《宣和奉使高丽图经》卷四十"儒学"中，记载当时高丽朝廷"临川阁藏书至数万卷，又有清燕阁，亦实以经史子集四部之书"。这正是宋朝与高丽文化交流持续发展的结果。

《日本国见在书目录》是日本现存最早的汉籍目录，约成书于宇多天皇宽平年间，由学者藤原佐世奉敕编撰。该书著录9世纪后半期日本公藏汉籍凡1500余部，17000余卷，相当于中国唐代官藏图书的二分之一强，足见唐代流入日本的汉籍品种数量之多，中日文化交流之盛。仁孝天皇文政年间(1818年—1829年)，学者狩谷望之(1775年—1835年)为《日本国见在书目录》作校注。

辽西夏金元

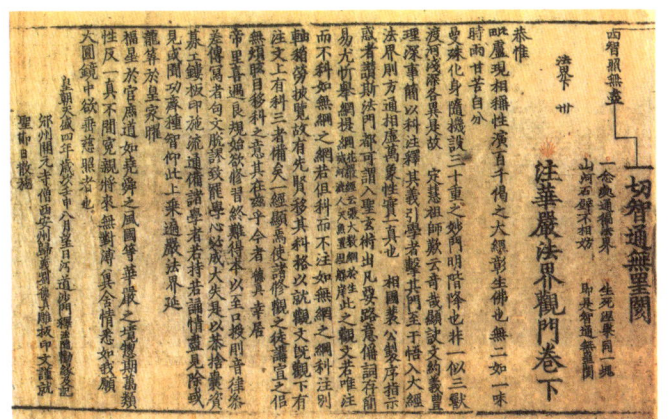

《注华严法界观门》 西夏刻本 天盛四年（1152年）沙门法随等施印题记 藏于俄罗斯科学院东方研究所

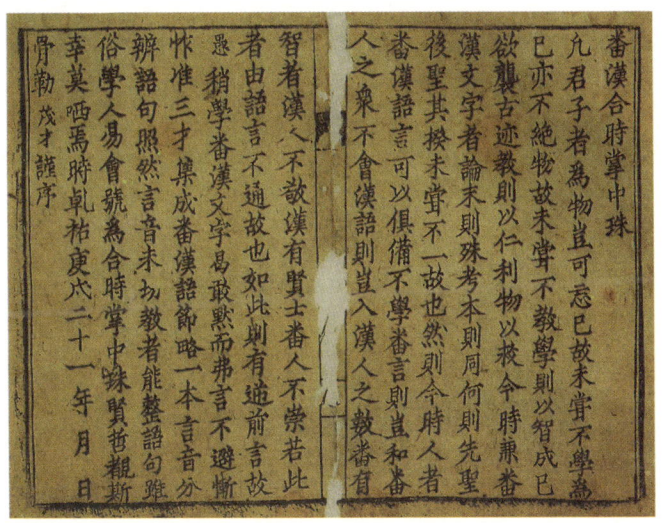

《番汉合时掌中珠》 西夏乾祐二十一年（1190年）刻本 藏于俄罗斯科学院东方研究所

《番汉合时掌中珠》为西夏文辞书，每一词目并列四项：西夏文、汉译文、汉译文西夏文注音、西夏文汉字注音。原书的装订方式为蝴蝶装。

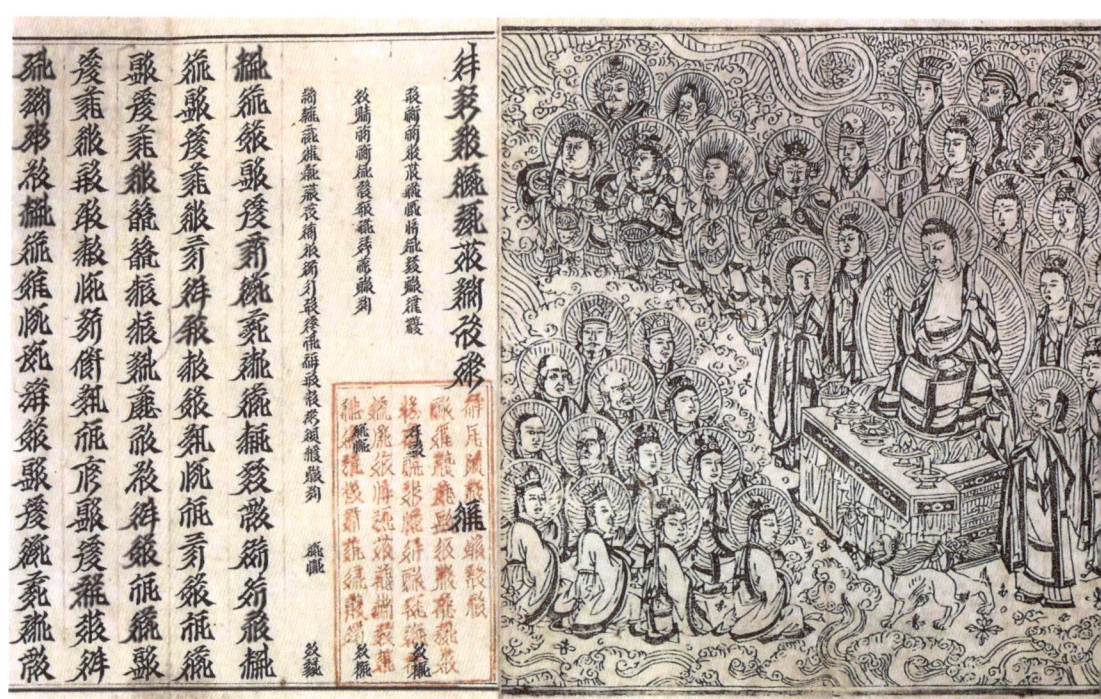

《佛说宝雨经卷第十版画及罗太后写经牌记》 西夏天庆年间（1194年—1205年）西夏文写本 藏于俄罗斯科学院东方研究所

《孙子兵法》 西夏文译刻本 藏于俄罗斯科学院东方研究所

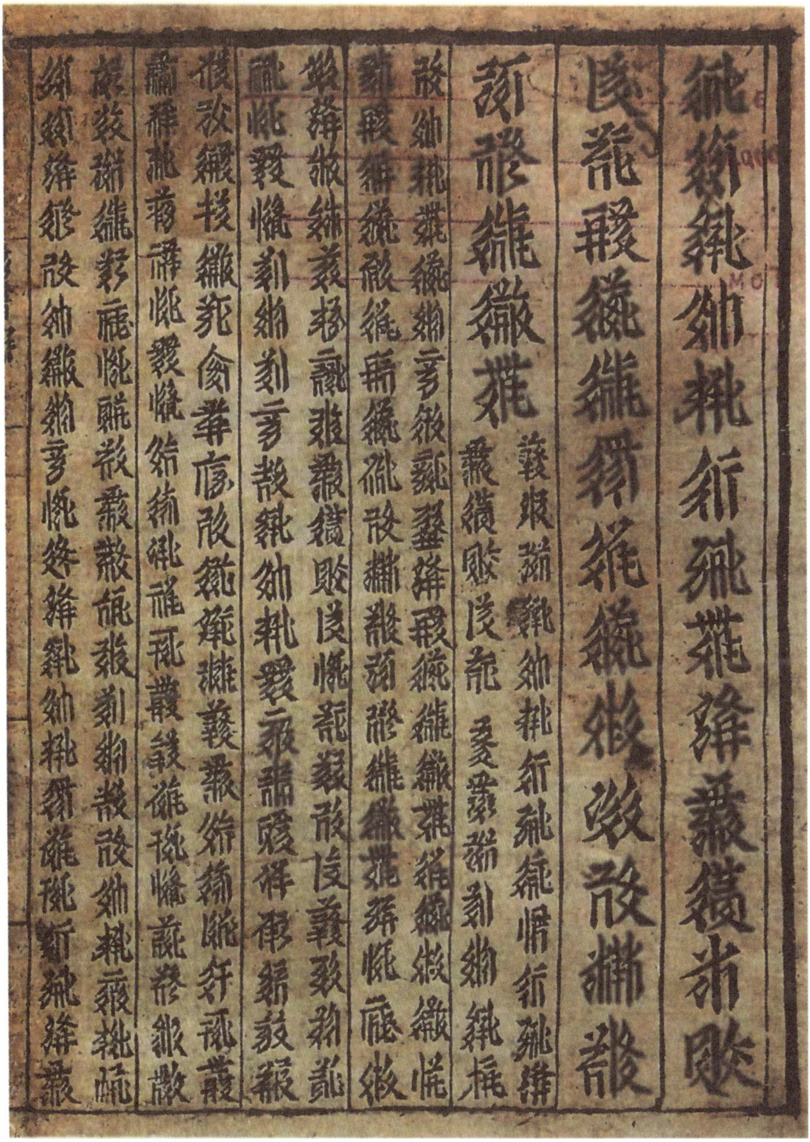

《番骑图》（局部） 一作《东丹王出行图》 [后唐]李赞华（传） 藏于美国波士顿美术博物馆 画中右起第二人为东丹王耶律倍

耶律倍（899年—936年），契丹人，辽太祖阿保机长子。其曾随父出征渤海，封东丹王。阿保机死后，弟德光继位。耶律倍渡海南下投奔后唐李亶，赐姓李，名赞华。耶律倍长于工画，善绘契丹人马。医巫闾山，位于今辽宁省北镇市境内。耶律倍南下前在医巫闾山上建望海书堂，藏书万卷以上。今存读书堂为后人所建，一说其主人为耶律倍的九世孙耶律楚材。

医巫闾山耶律倍读书堂

《西夏译经图》 藏于中国国家图书馆

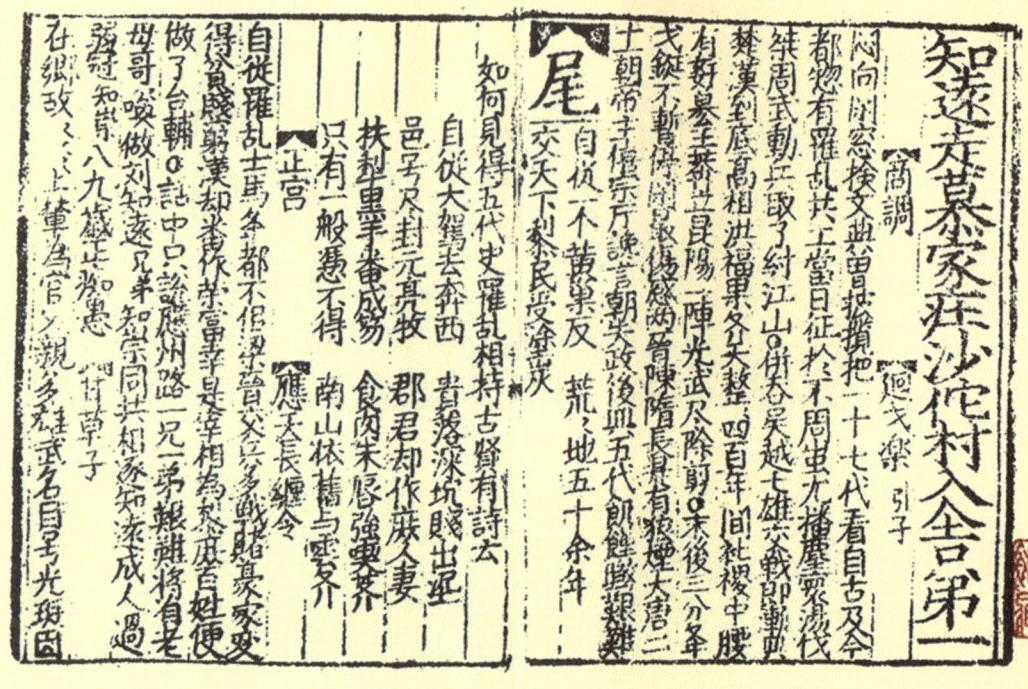

《刘知远诸宫调》　金代平水（今山西临汾）坊刻本　藏于中国国家图书馆

　　金刻本《刘知远诸宫调》是我国现存最早的诸宫调作品，对后世戏曲艺术、说唱文学的发展产生了重要影响。清光绪三十三年(1907年)，该刻本在甘肃张掖黑水城出土，原件曾收藏于列宁格勒（即圣彼得堡）图书馆，1958年回归中国。该书作者无考，现存为42页残本。

　　诸宫调为宋、金、元三朝盛行的民间说唱文学，受到社会各阶层，特别是普通民众的喜爱。今存诸宫调尚有《董解元西厢记》一种，与《刘知远诸宫调》为传世诸宫调中最早的两种。

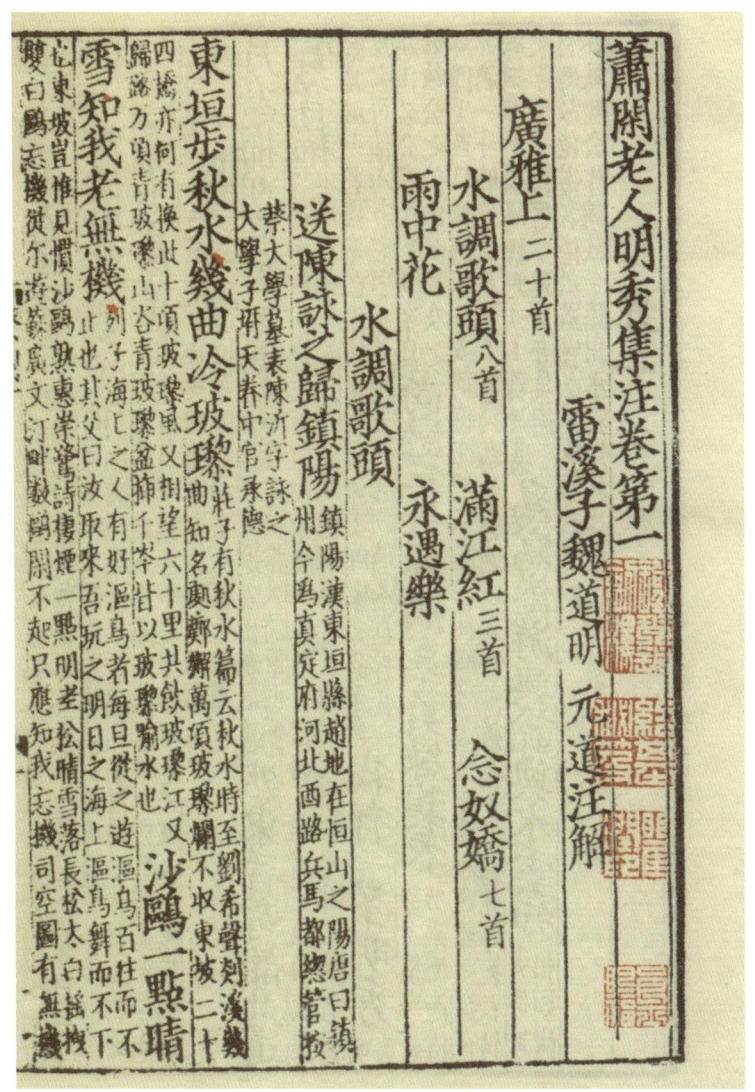

《萧闲老人明秀集注》 ［金］蔡松年撰 ［金］魏道明注 金刻本 藏于中国国家图书馆

蔡松年（1107年—1159年），字伯坚，号萧闲老人，金代文学家，他的词作尤为世人推崇。其词集《萧闲老人明秀集》共六卷，今存三卷。此本乃金注金刻，十分珍贵。

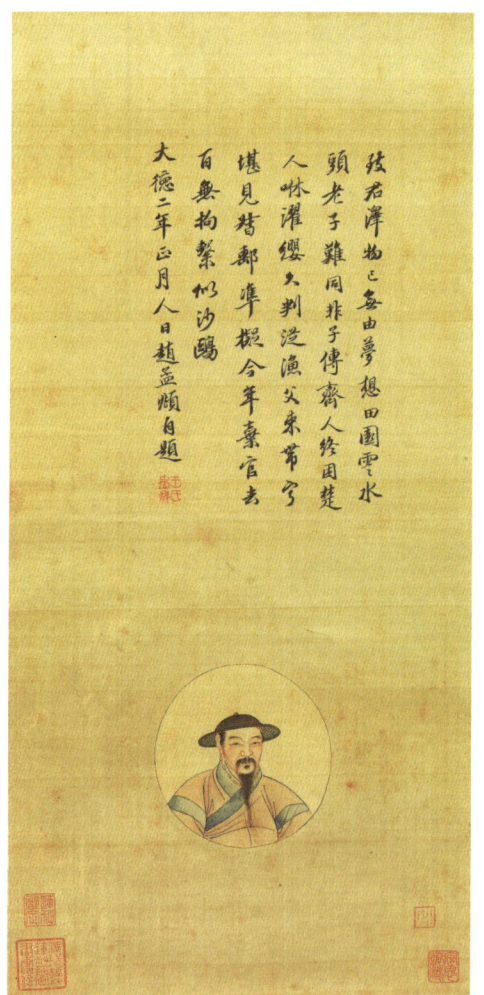

赵孟頫自画像

《赵孟頫写经换茶图卷》　［明］仇英　绢本设色

《赵文敏公松雪斋全集》
［元］赵孟頫
清康熙五十二年
（1713年）刻本

赵孟頫（1254年—1322年），字子昂，号松雪道人，吴兴（今浙江湖州）人，著名书画家。他自幼喜读书，善读书。他在《叶氏经疑序》中强调读书必须善思，知难而进，锲而不舍，才能增进学问，有所收获。

《倪瓒像》　［元］张雨题赞

　　倪瓒（1301年—1374年），字元镇，号云林，无锡（今江苏无锡）人，生平好学，著有《云林诗集》。倪瓒筑清閟阁收藏古书画。他工画山水，初师五代南唐董源，后法五代后梁荆浩、关仝，擅长汀渚遥岑、小山竹树等平远景色，名列元四家。当时江南人常以家中有无倪画作为评判雅俗的标志。

《录元陈高山中读书图》
[清]赫奕

陈高诗中所述依山临水，松竹环屋，云霞入牖，清风散瀑，正是山居读书的理想环境，契合了文人向往在林泉深处高卧读书的情怀。

赫奕，字澹士，号南谷，别号碧岩箫史，姓赫舍里氏，满州正白旗人，康熙时期官至工部尚书。赫奕为王原祁弟子，山水宗法元人。

《春山读书图》
[元] 王蒙

　　王蒙（1308年—1385年），字叔明，号黄鹤山樵，自称香光居士，吴兴（今浙江湖州）人，赵孟頫外孙，名列元四家。他擅画山水，常用数家皴法，山水多至数十重，树木不下数十种，径路迂回，烟霭微茫，苍茫深秀，气势雄伟。

《秋山读书图》 [元]王蒙

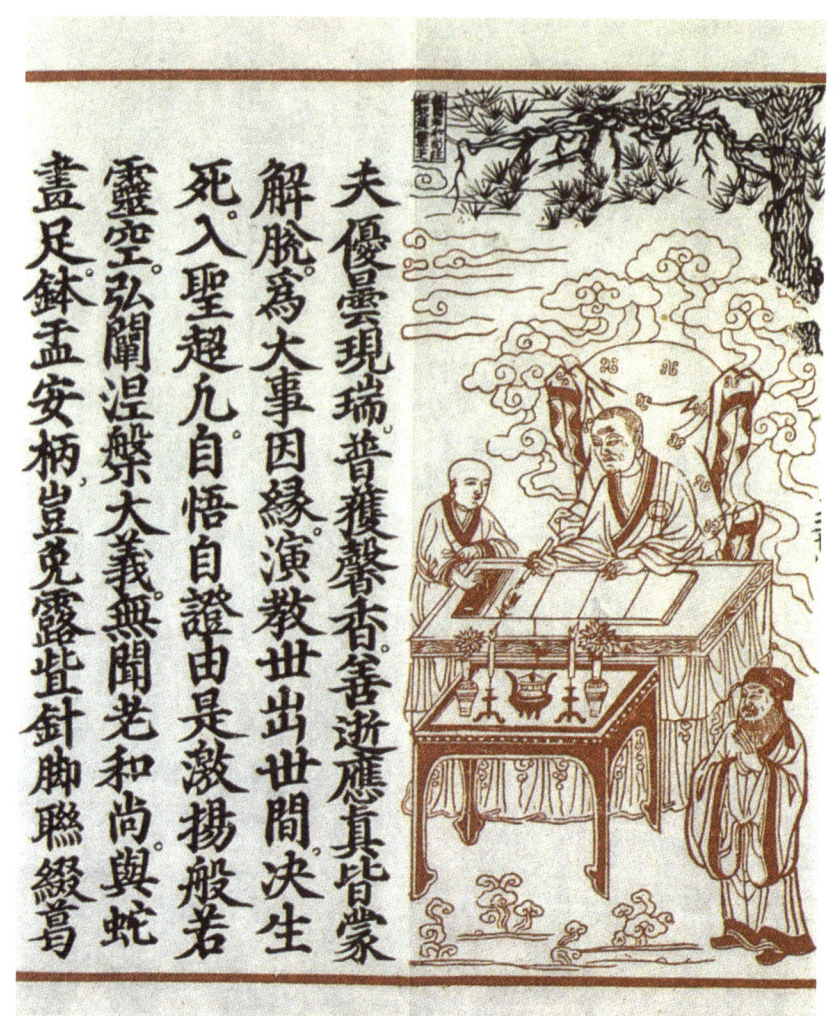

《金刚经注》 朱墨双色套色印 元至正元年（1341年）中兴路刻本

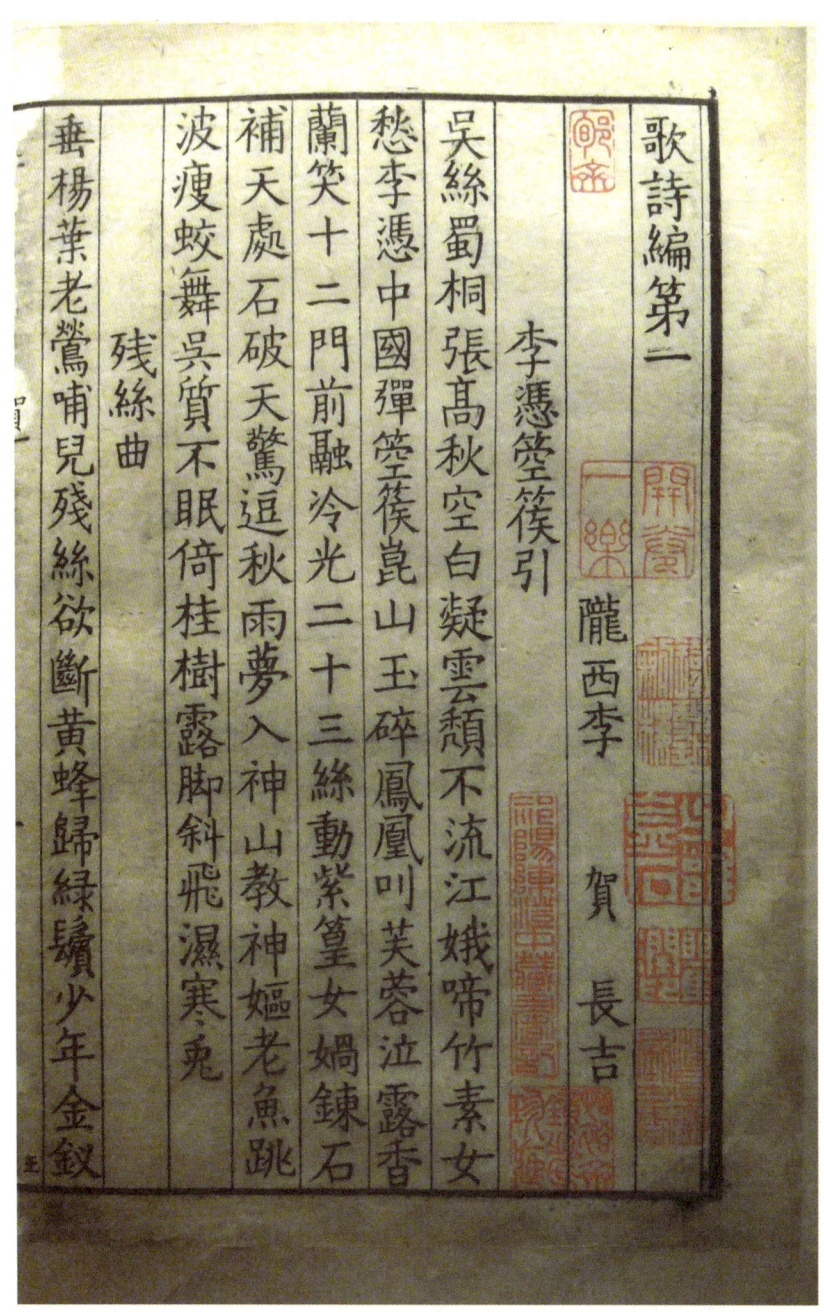

《歌诗编》 [唐]李贺 蒙古宪宗六年（1256年）赵衍燕京刻本 藏于中国国家图书馆

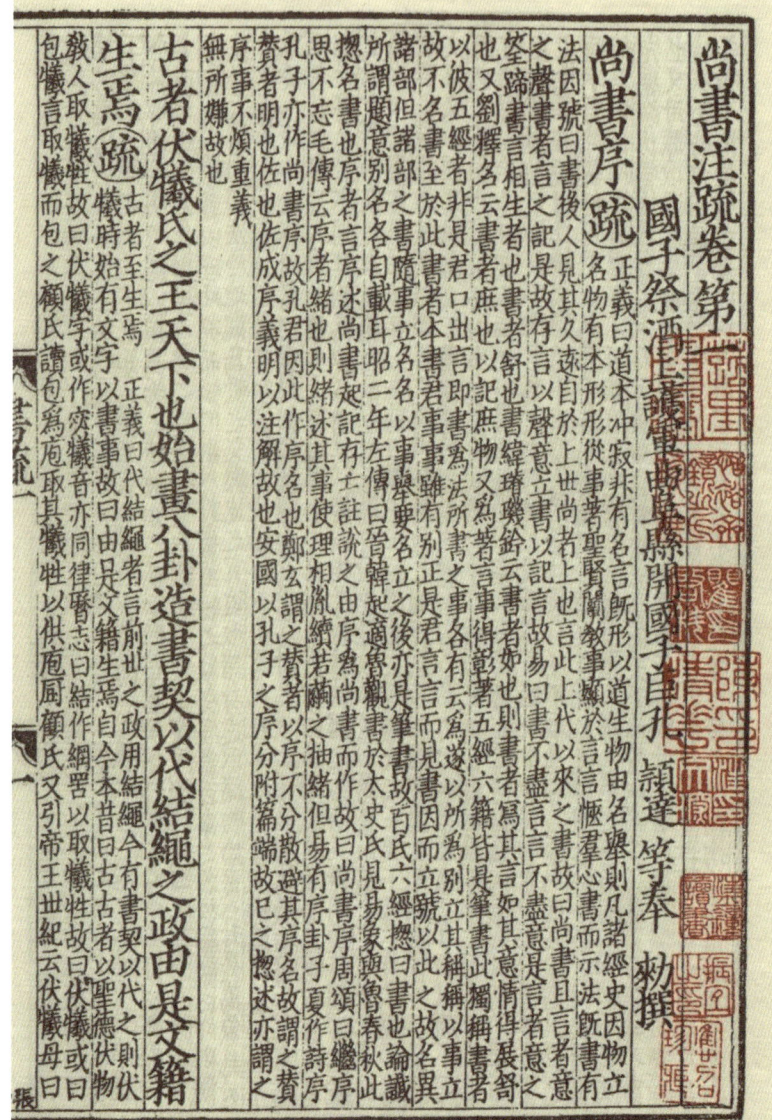

《尚书注疏》 蒙古刻本 藏于中国国家图书馆

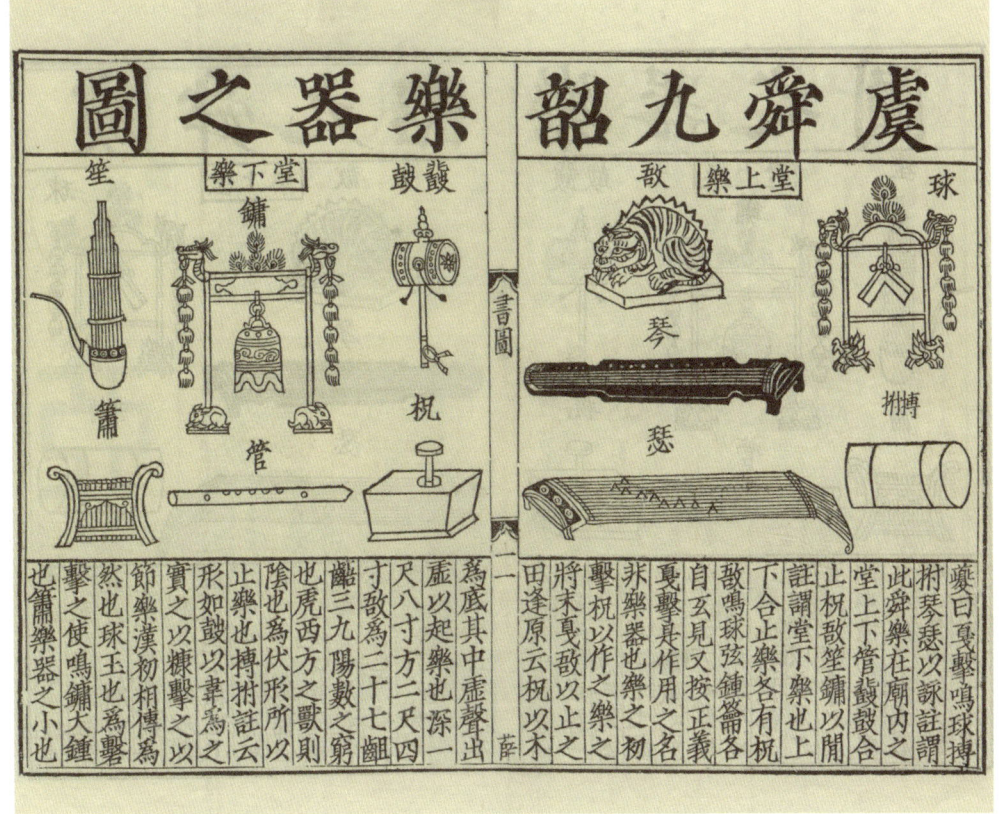

《新雕尚书纂图》

《尚书注疏》为注疏合刻本。卷首序后有《新雕尚书纂图》十五幅，极大地增强了全书的可读性。

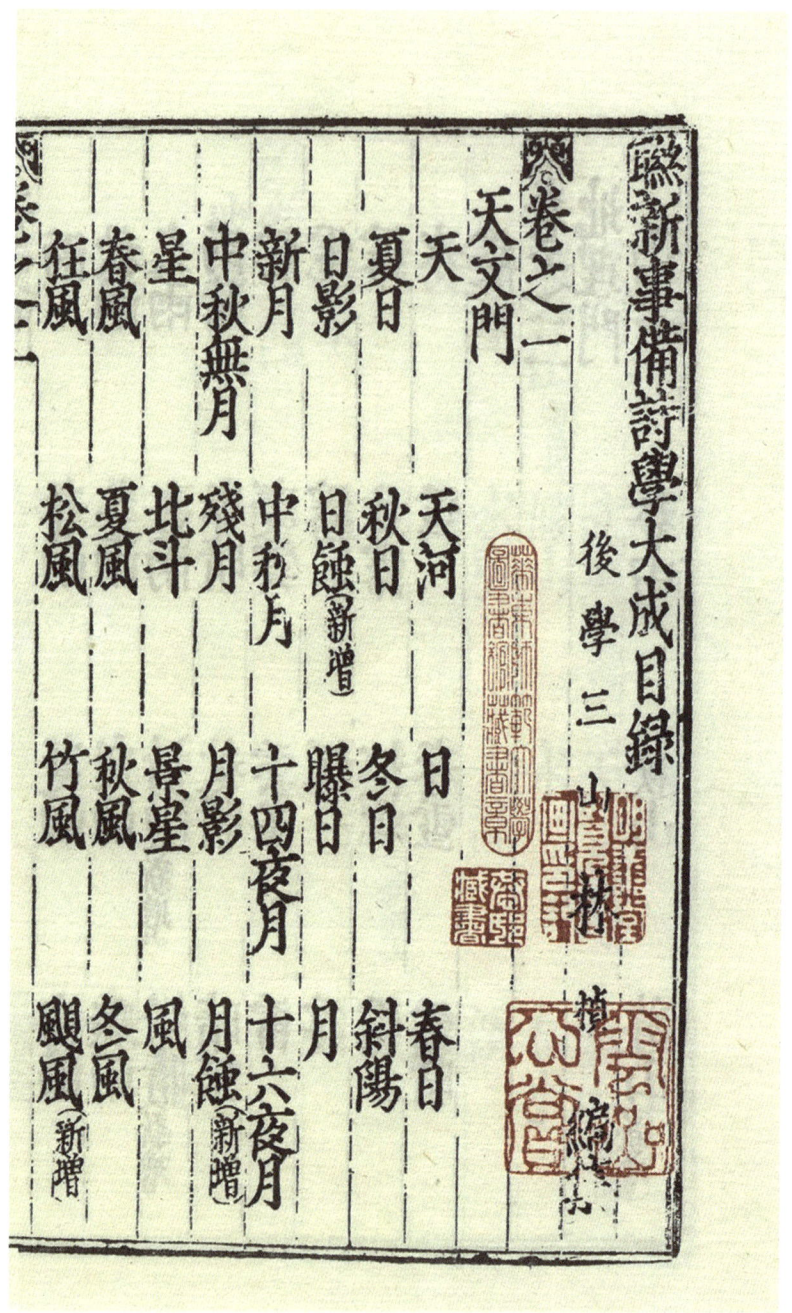

《联新事备诗学大成》 [元]林桢辑 元刻本 藏于华东师范大学图书馆

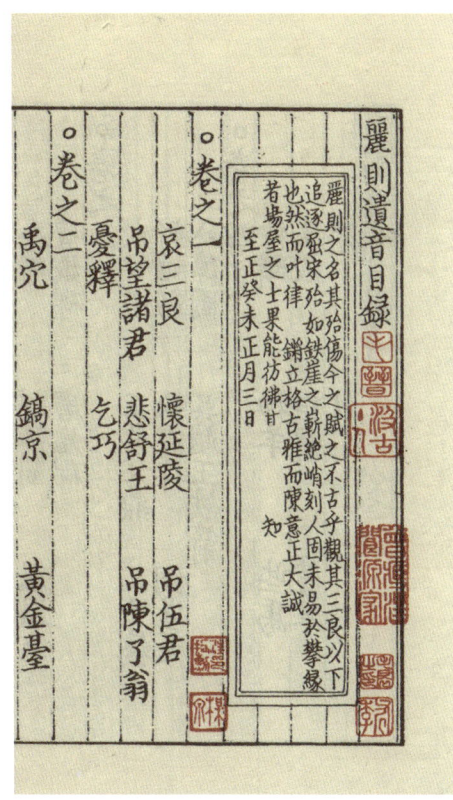

《新刊丽则遗音古赋程式》 [元]杨维桢
元刻本 藏于中国国家图书馆

杨维桢像 出自明代张岱《明於越三不朽名贤图赞》

杨维桢（1296年—1370年），字廉夫，号铁崖，元泰定四年（1327年）进士。其聚书万卷于家中，专心治学，文采映照一时。《新刊丽则遗音古赋程式》系其赋集，为科举之士学赋提供了范式。此类科举指导图书，元时多有刊印，体现了社会读书之风的盛行。

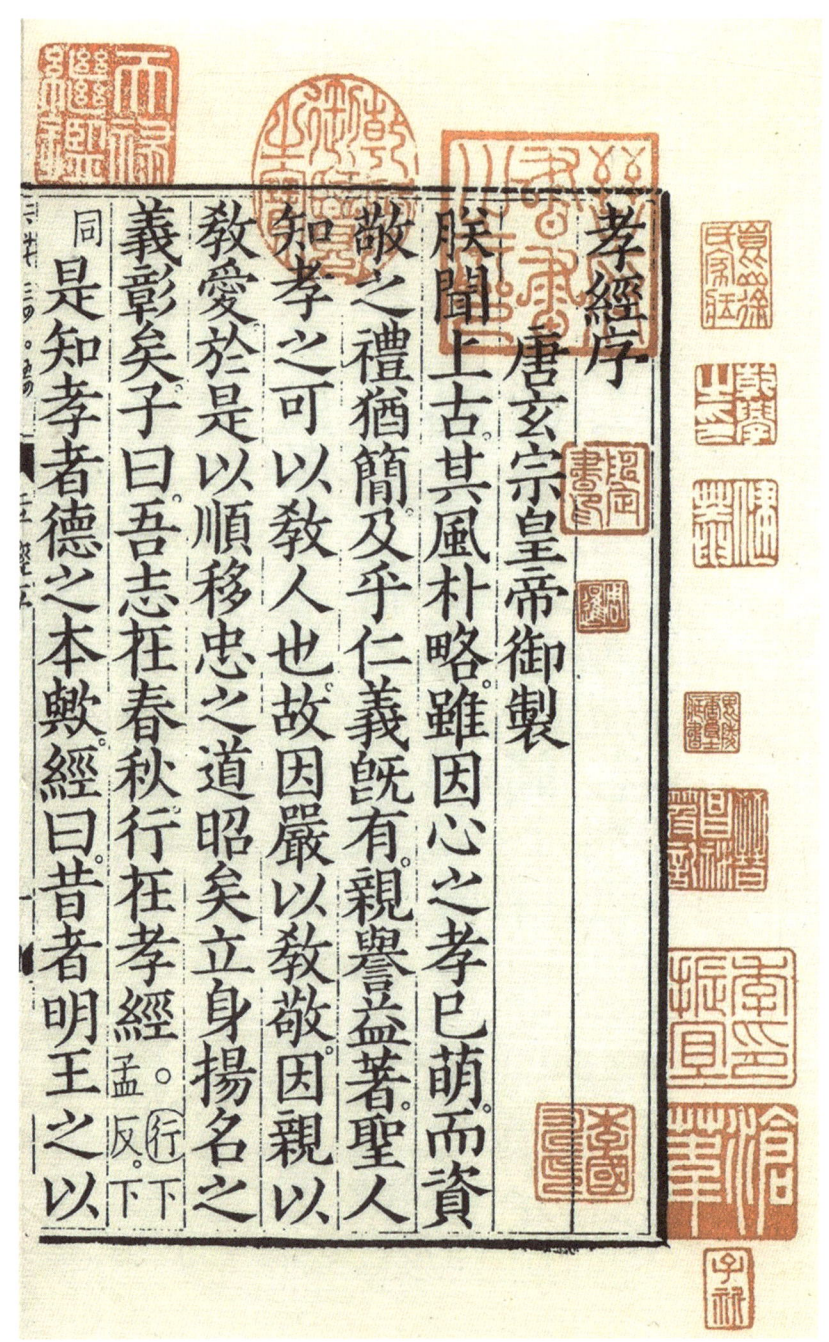

《孝经》 元相台岳氏荆溪家塾刻本 藏于中国国家图书馆

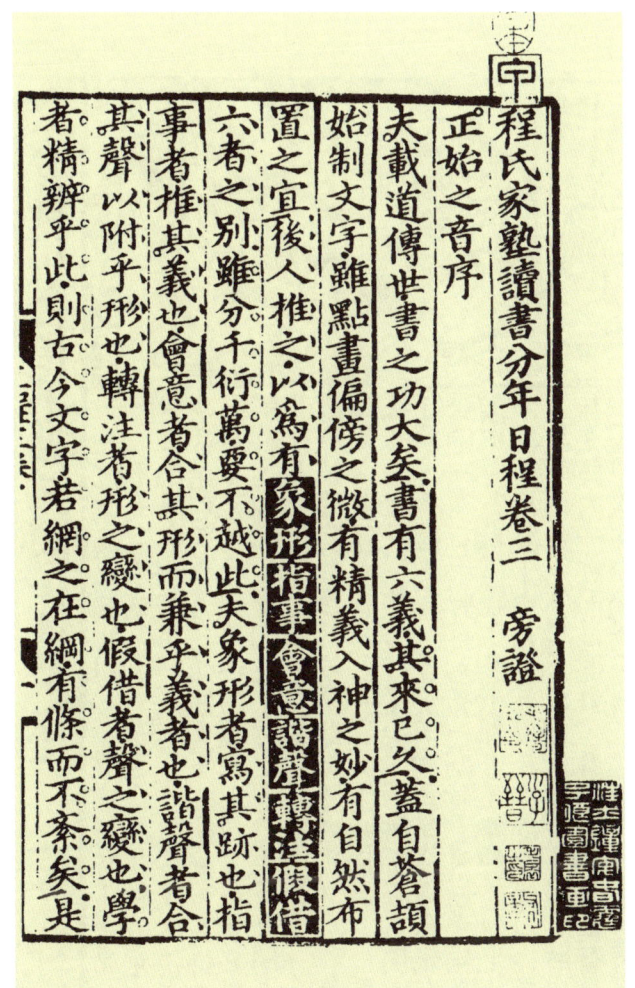

《程氏家塾读书分年日程》 [元]程端礼 上海涵芬楼据清常熟瞿氏铁琴铜剑楼藏元刊本影印 辑入《四部丛刊续编》

程端礼（1271年—1345年），字敬叔，浙江鄞县人，元代教育家，曾任衢州路儒学教授。《程氏家塾读书分年日程》共三卷，以朱熹读书法为准则，依次叙述了学子自八岁入学始各阶段读书学习的步骤、程序、应阅读书目以及具体的教授方法、学习要求等。当时国子监就将此书颁示郡邑官学作为教学范本。此书对明清儒生的读书学习产生了较大的影响。

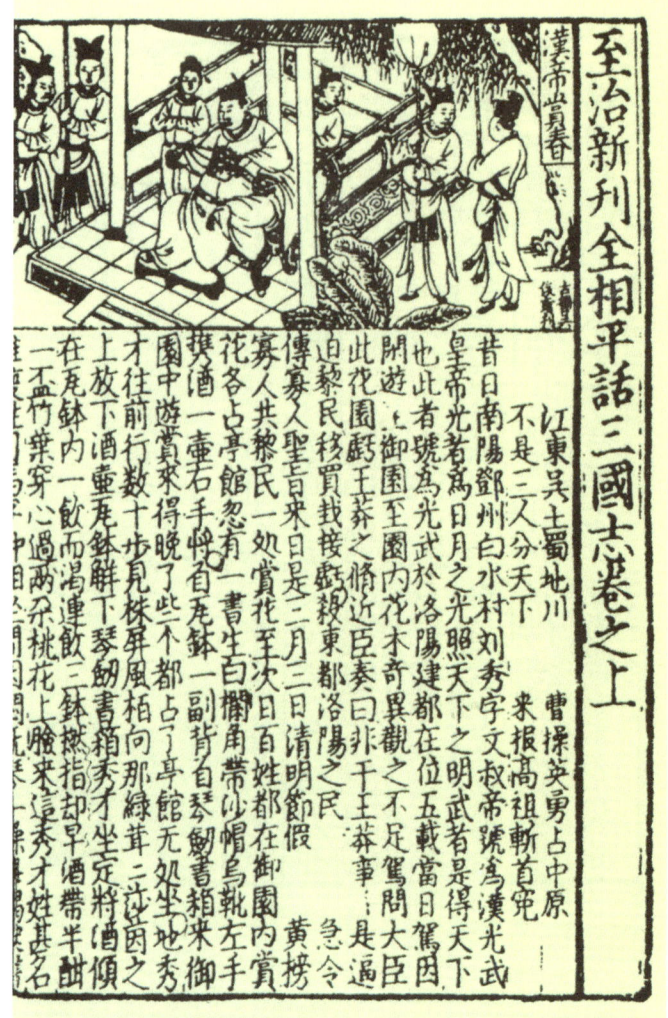

《全相平话三国志》 上图下文版式 元虞氏务本堂刊本

平话是宋元时期兴起的一种说唱艺术，内容多为故事性强的历史演义，是普通民众建立历史观、参与阅读活动的一条重要途径。《东京梦华录》《梦粱录》《南村辍耕录》等宋元史料中多有记载，平话是宋元时期十分受欢迎的市民艺术。

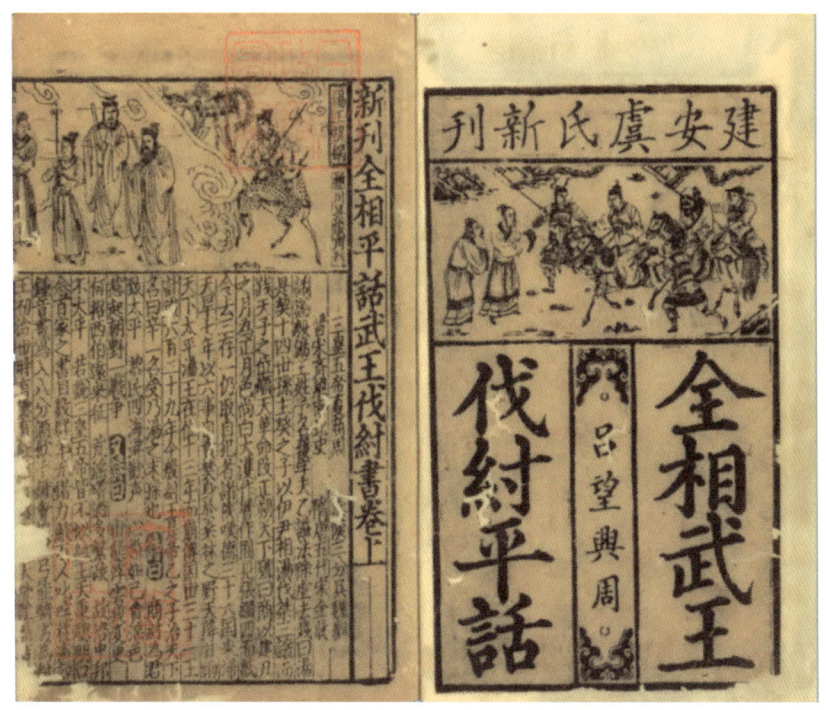

《全相武王伐纣平话》 元虞氏务本堂刊本

虞氏是福建建安刻书世家，宋代时虞氏以家刻为主，元代后虞氏以坊刻为主。务本堂为建安名肆，主人虞平斋，子孙世守其业，相传百余年之久。建安刻本向以刊刻小说、曲艺等通俗作品闻名，务本堂是其中的杰出代表。元至治年间（1321年—1323年），刊刻《全相平话》五种：《全相平话武王伐纣》《全相平话春秋后集》《全相平话六国》《全相平话前汉》《全相平话三国志》。《全相平话》是现存最早的话本集。

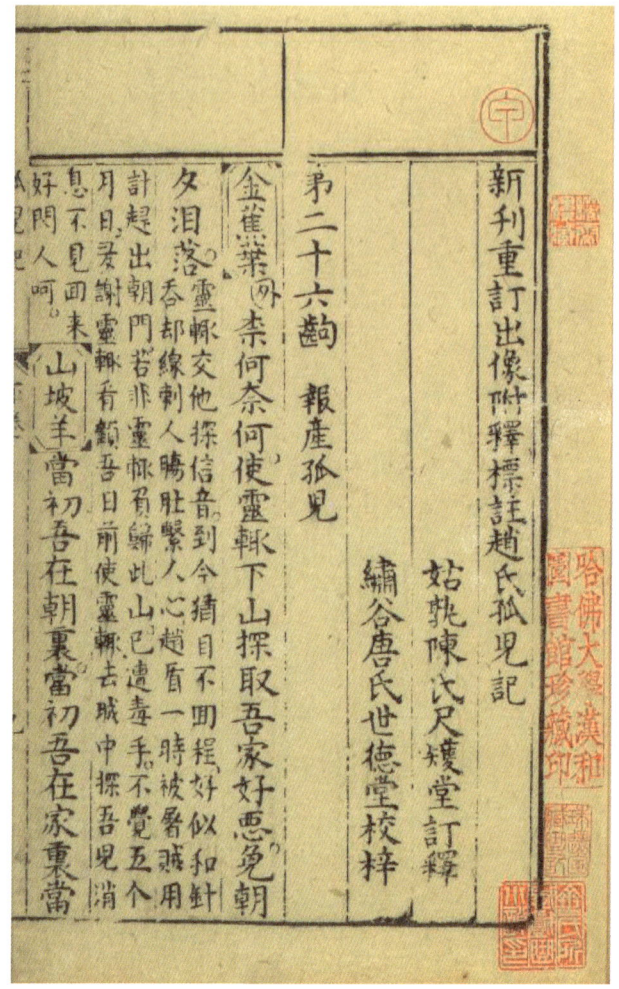

《新刊重订出像附释标注音释赵氏孤儿记》 明陈氏尺蠖斋评释 明绣谷唐氏世德堂校订刊本 藏于美国哈佛大学

杂剧是宋元间发展起来的一种戏曲样式，在民间流传甚广，极受人们的喜爱。

元杂剧《赵氏孤儿》全名《冤报冤赵氏孤儿》，又名《赵氏孤儿大报仇》，为元人纪君祥所作。18世纪中叶，法国伏尔泰和德国歌德曾先后改编《赵氏孤儿》，将中国古典戏曲名作传入欧洲。

明代

脉望馆

脉望馆，位于江苏省常熟市，是明万历年间赵用贤、赵琦美父子建立的藏书楼，以收藏元明杂剧著称。

天一阁

天一阁，位于浙江省宁波市，明嘉靖年间由藏书家范钦主持建造，因管理严格，保存谨慎，故能延续明清两代，留存至今。它是我国目前存世最早的私人藏书楼，现为天一阁博物馆。

天一阁宝书楼旧照

"宝书楼"是明代隆庆五年（1571年）宁波太守王原相为天一阁题的匾额。

天一阁宝书楼

天一阁藏书楼禁牌

《毛晋藏书楼汲古阁图》 [明]王咸

毛晋，江苏常熟人，明末藏书家。汲古阁是其私人藏书楼和书坊。其所刻书籍校勘精审，雕印精良，称毛刻本，行销全国。

昆明西山升庵祠

《求志园图》 [明]钱榖 纸本设色 藏于北京故宫博物院

杨慎（1488年—1559年）被推为明"记诵之博，著作之富"第一人。明万历年间，时人为纪念杨慎，将其旧居"碧峣精舍"改建为升庵祠。

求志园为明代吴中书法家张凤翼的私家园林。该图描绘了明代风格的文人雅士居所，展现了明代文人对读书环境的营造和审美取向。

东林书院，始建于北宋徽宗政和元年（1111年），是著名学者杨时讲学之所，"东林"之名出自杨时的诗作。因为杨时号"龟山"，所以该书院又称龟山书院。万历三十二年（1604年），与宦官集团斗争失败的顾宪成罢官归隐在此，并汇集了一批志同道合的清流人士，重修东林书院。他们在此议论朝政，裁量人物，力图革除时弊，对明末政局产生了重要影响，深受当时读书人的推崇。

无锡东林书院

东林书院·依庸堂

商丘壮悔堂

商丘壮悔堂是明末才子侯方域幼年的读书处，原名杂佣堂。明亡后，侯方域回到商丘，建壮悔堂，在此埋头读书。

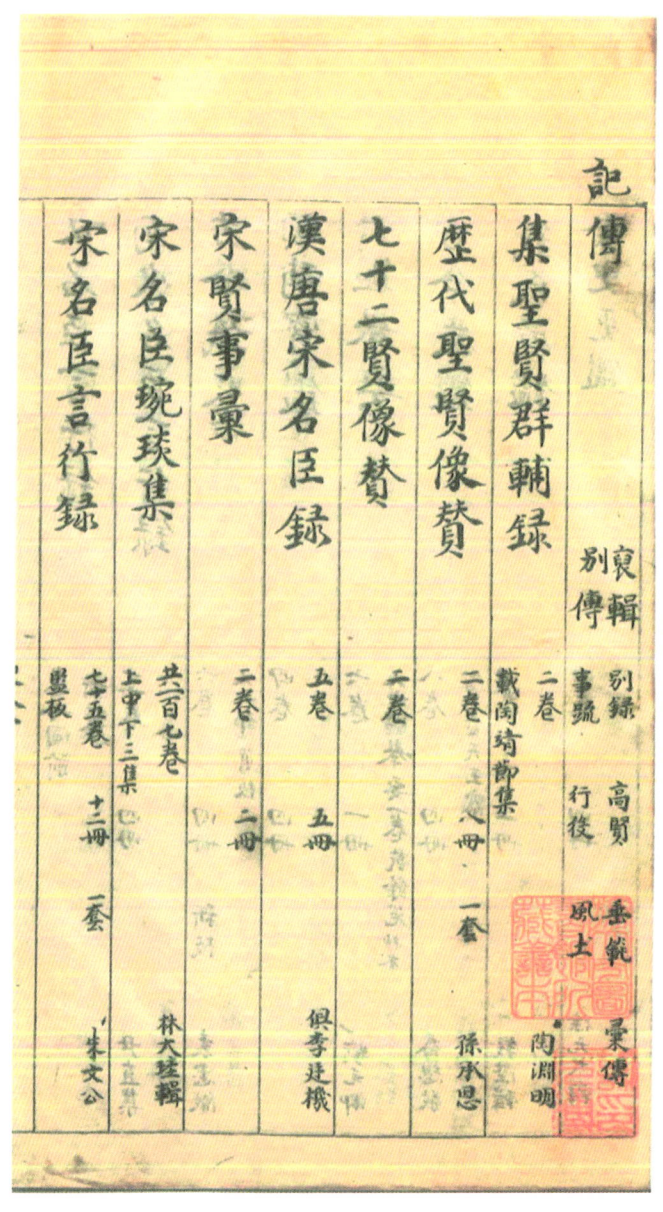

《澹生堂藏书目》 [明]祁承㸁 明末抄本

澹生堂是明末著名藏书家祁承㸁的藏书楼。祁氏为浙东藏书世家，聚书十万余卷。

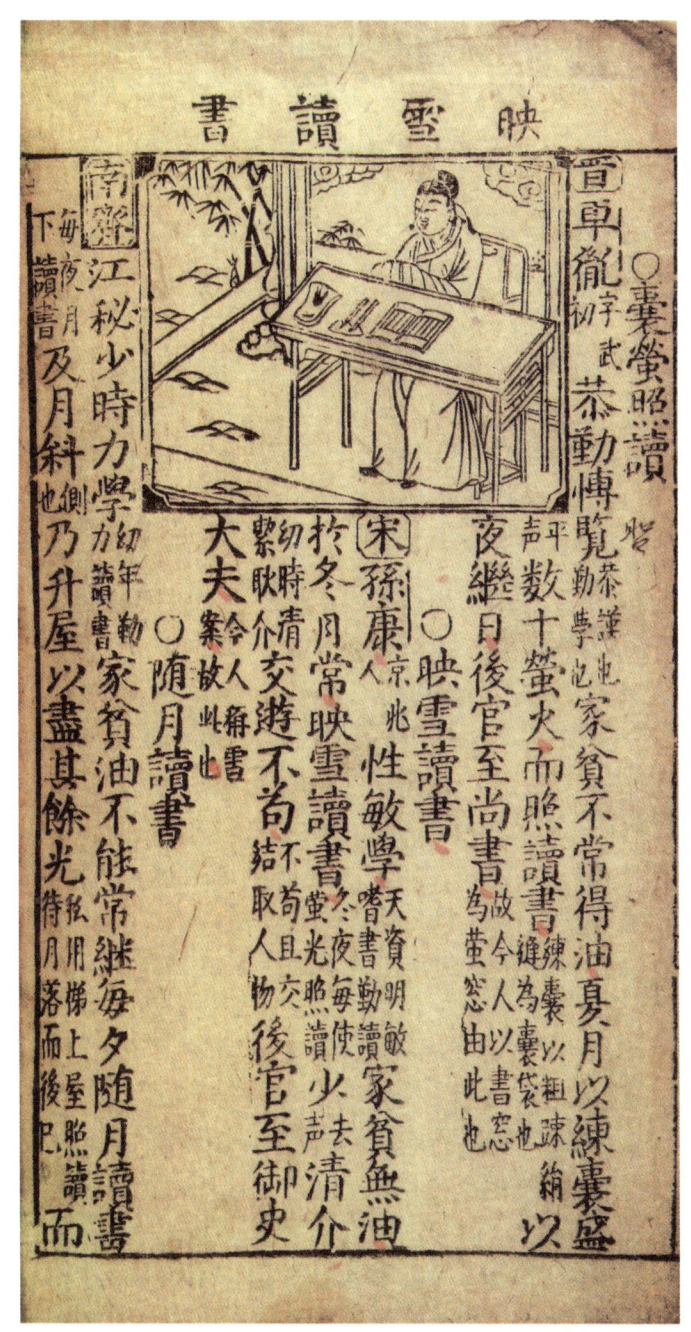

《新刊徽郡原板绘像注释魁字登云日记故事》 明书林黄正选刻本 郑振铎藏

《薛公读书录》 明嘉靖中吴郡袁氏嘉趣堂刊本

  《薛公读书录》，明朝薛瑄著，书中记录自己的读书心得。薛瑄把四书、六经、历代圣贤之书比作雅乐，把百家小说、淫词绮语、怪诞不经之书比作郑声，结果是喜欢阅读圣贤书的人少，津津乐道小说绮语的人众，原因是圣贤书味淡而小说绮语味甘。但是薛氏认为"淡则人心平而天理存，甘则人心迷而人欲肆。是其得失之归"，指出了阅读效果的两重天。明清以来，该书颇有影响。

《读书十六观》 [明]陈继儒等撰

《读书十六观》,明末陈继儒编撰。"纂《读书十六观》,盖浮屠之修净土有《十六观经》,而观止矣。"是书收录古人读书掌故、心得十六则。此书流传后,明末屠本畯和吴恺都曾分别为之续补,前者作《演读书十六观》,收入《读书止观录》,后者作《读书十六观补》,收入《泾川丛书》。

《聚桂斋图卷》　[明]文徵明　纸本

古人读书，刻意追求环境的清幽简远。此图为文徵明晚年之作，画中斋主久读起身，极目远眺，林峦咫尺之间，尽见文士读书的幽情雅意。

《青园图》 〔明〕沈周 纸本 藏于辽宁省旅顺博物馆

依山傍水，修竹垂柳之中，一人执卷堂上孜孜而读。《青园图》展现了明代文人读书生活的美丽画卷。

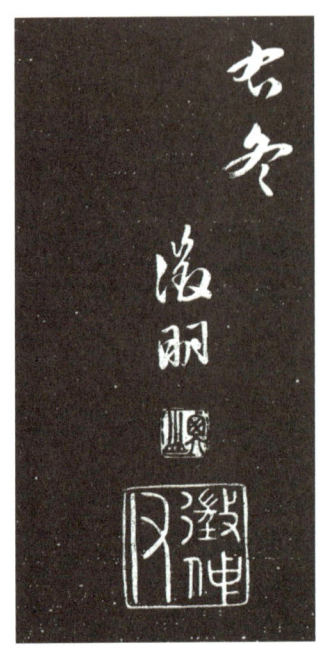
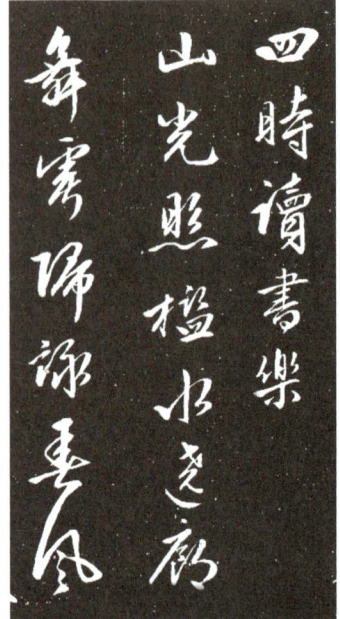
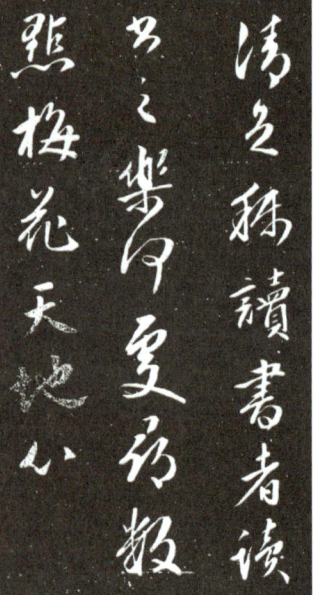

《四时读书乐诗帖》 文徵明行书

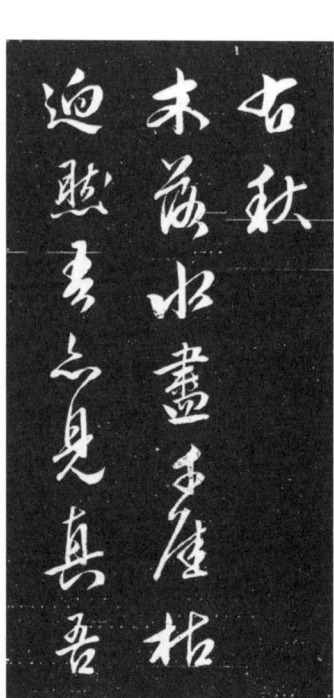

《高贤读书图》
［明］陈洪绶

《双鉴行窝图》 ［明］唐寅 绢本设色 藏于北京故宫博物院

据作者自题，《双鉴行窝图》作于明正德十四年（1519年），乃应歙县友人汪时萃所请而作，展现的是汪氏营建书室、读书其中的场景。

《便面山水图》之二 ［明］文徵明 藏于台北故宫博物院

上图是文徵明所绘的一组扇面山水图中的一幅，画中自题"静倚南窗读道书"，展现了明代文人山居读书的场景。

《隐居十六观》画册之六"味象"　　［明］陈洪绶　纸本　藏于台北故宫博物院

《隐居十六观》画册作于 1651 年，即陈洪绶逝世前一年。组画共十六幅，每幅以一位古人入典；作者以白描的手法展现了隐士生活的十六个侧面。所选"味象"，描绘的是南朝画论家宗炳观画的场景——画中之人专心赏味，于周遭全无感知，展现了古代士人高洁的精神追求。

《梅花书屋图》
[明]卞文瑜

《渔舟读书图》 [明]蒋嵩 绢本设色 藏于北京故宫博物院

《雪室读书图轴》
［明末清初］法若真
纸本设色　藏于沈阳博物馆

《状元图考》 明万历三十五年（1607年）徽州吴承恩序刻本

此图为明建文二年（1400年）状元胡广幼年勤读图。史称胡广八岁而孤，好学，日记数千言。

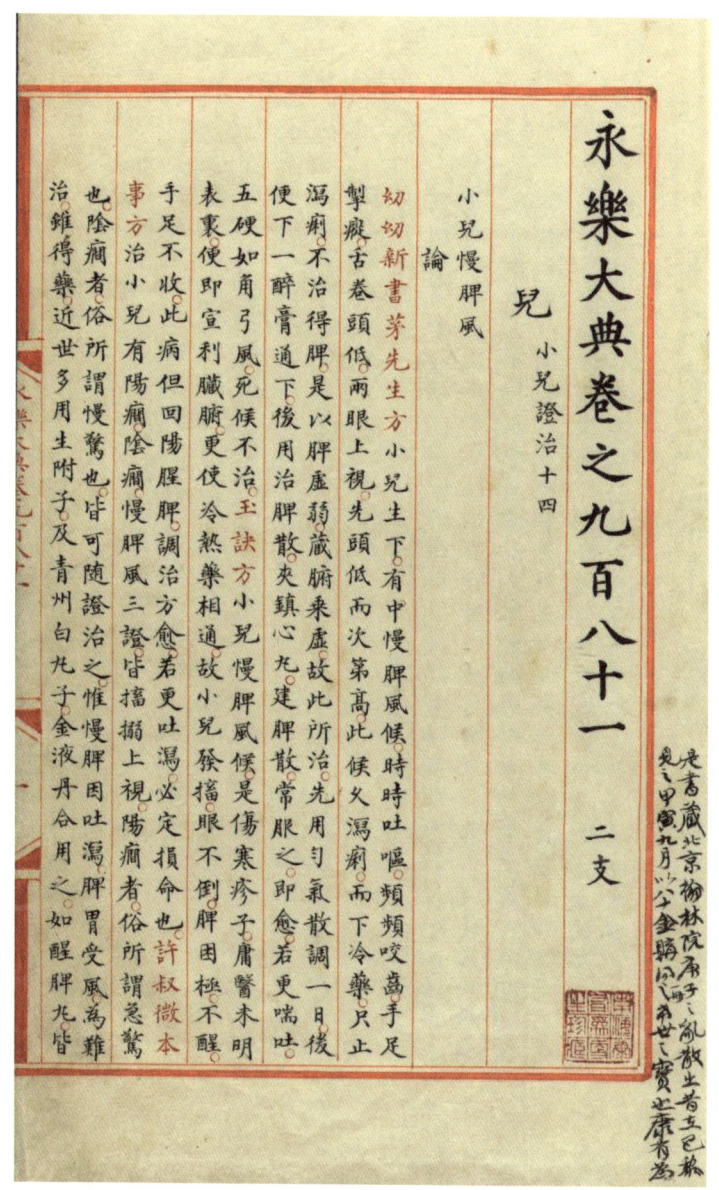

《永乐大典》

《永乐大典》，由明成祖于永乐元年（1403年）命解缙等人编纂，共22937卷（目录占60卷），是我国古代最大的一部类书。

《三经评注·孟子》 明万历年间闵齐伋刻三色套印本 藏于山东省图书馆

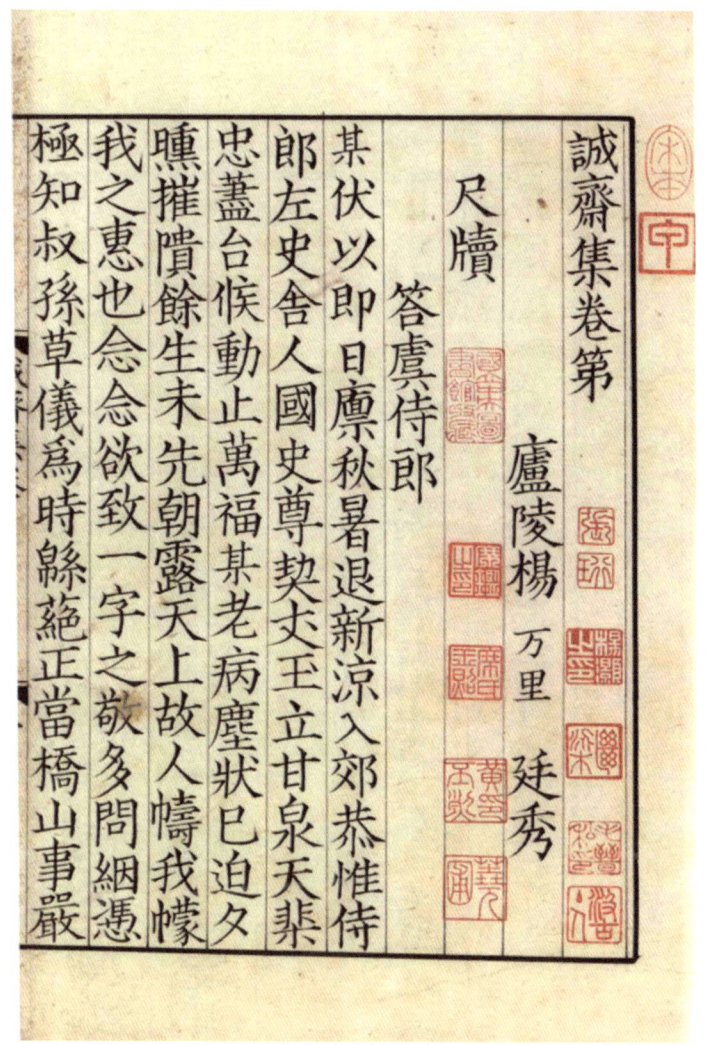

《诚斋集·尺牍》　［明］虞山毛氏汲古阁影钞宋刊《诚斋集》本

"影钞"是毛晋创造的一种古籍复制方法，就是将薄纸覆盖在底本书页上，照其点画、版式精心描摹下来，务求与原本丝毫不差。清孙从添《上善堂藏书纪要·抄录》中对毛晋的影宋抄本推崇备至："汲古阁影宋精抄，古今绝作，字画纸张，乌丝图章，追慕宋刻，为近世无有能继其作者。"

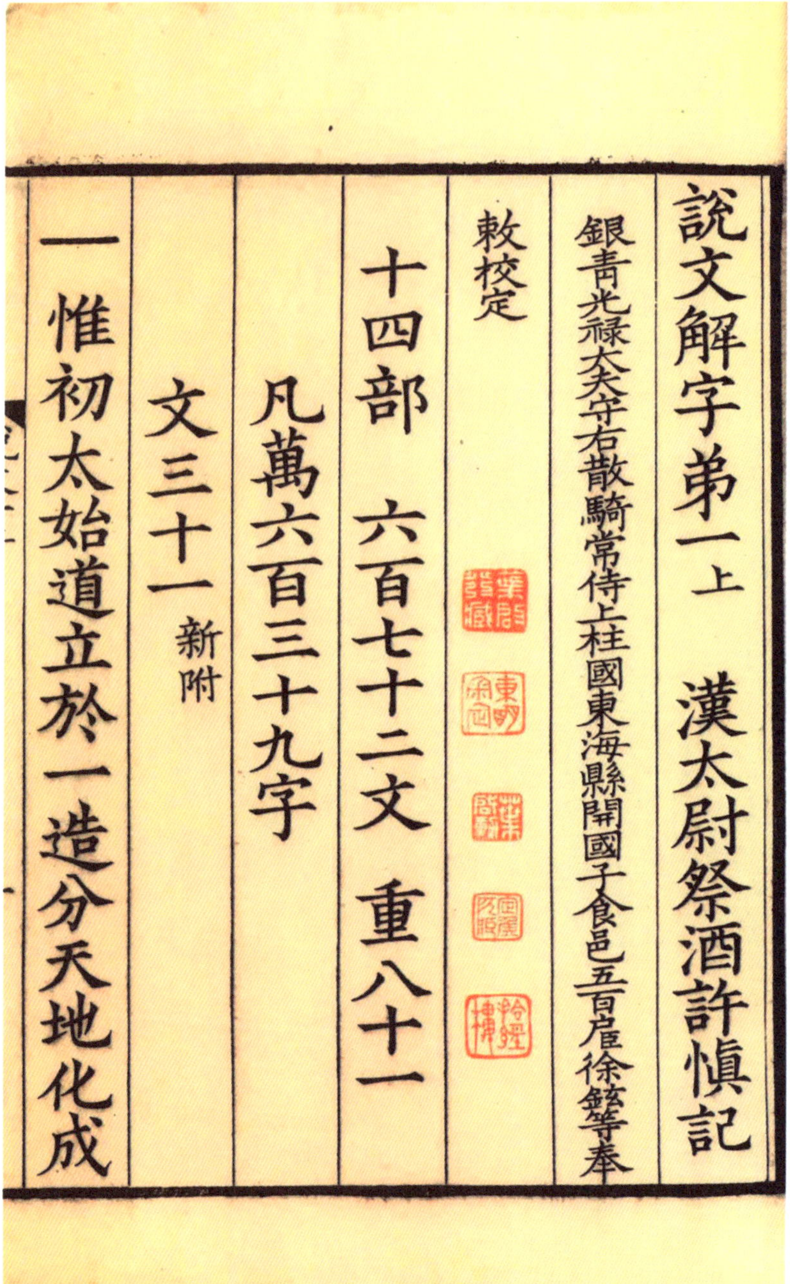

說文解字弟一上　漢太尉祭酒許慎記

銀青光祿大夫守右散騎常侍上柱國東海縣開國子食邑五百戶徐鉉等奉

敕校定

十四部　六百七十二文　重八十一

凡萬六百三十九字

文三十一新附

一　惟初太始道立於一造分天地化成

《说文解字》　清初毛氏汲古阁刻本　藏于湖南图书馆

論語集註大全卷之六

雍也第六

凡二十八章篇內第十四章以前大意與前篇同
胡氏曰此篇前一半與上篇大意同而八佾篇論
禮樂亦與為政末相接大抵記聖人之言多以其
類而卷帙之分特以竹簡之編既盡而止其篇目
則聊舉其首二字以為之別爾新安陳氏曰亦
論古今人物賢否得失

子曰雍也可使南面
南面者人君聽治之位去聲○厚齋馮氏曰人君聽治之位
必體天地陰陽之閒寬也是說寬洪簡重也
也○言仲弓寬洪簡重有人君之度也慶源輔氏曰惟這
恁地朱子曰夫子既許他南面則須是將他言行來看如何
又無據考須

《論語集注大全》　［明］胡广等輯　明内府寫本　藏于北京大學圖書館

《常读论语》 明万历二十五年（1597）徽州汪云鹏玩虎轩刻本

上图出自《养正图解》。《养正图解》是明代著名学者焦竑为明神宗长子朱常洛编写的一本教科书。朱常洛入学接受皇太子教育时，年仅13岁，焦竑为了激发他的学习兴趣，从春秋战国到唐宋时期有作为的皇太子事迹中，选取了60个历史典故，以图解的方式，阐释"修身、齐家、治国、平天下"等方面的道理。

《登云四书集注》插图　明万历年间福建书林熊氏种德堂刻本

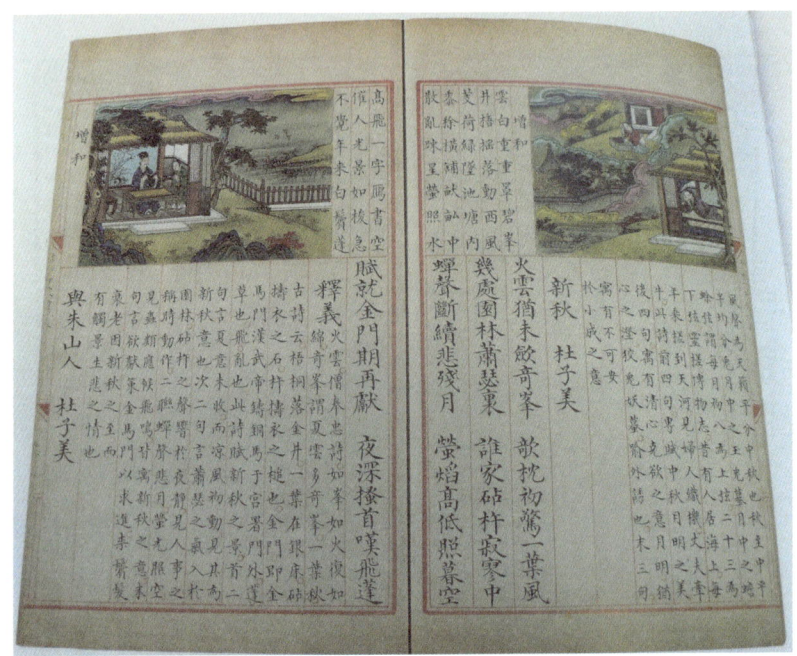

《明解增和千家诗注》 [宋]谢枋得注 明内府彩绘插图本

《明解增和千家诗注》插图

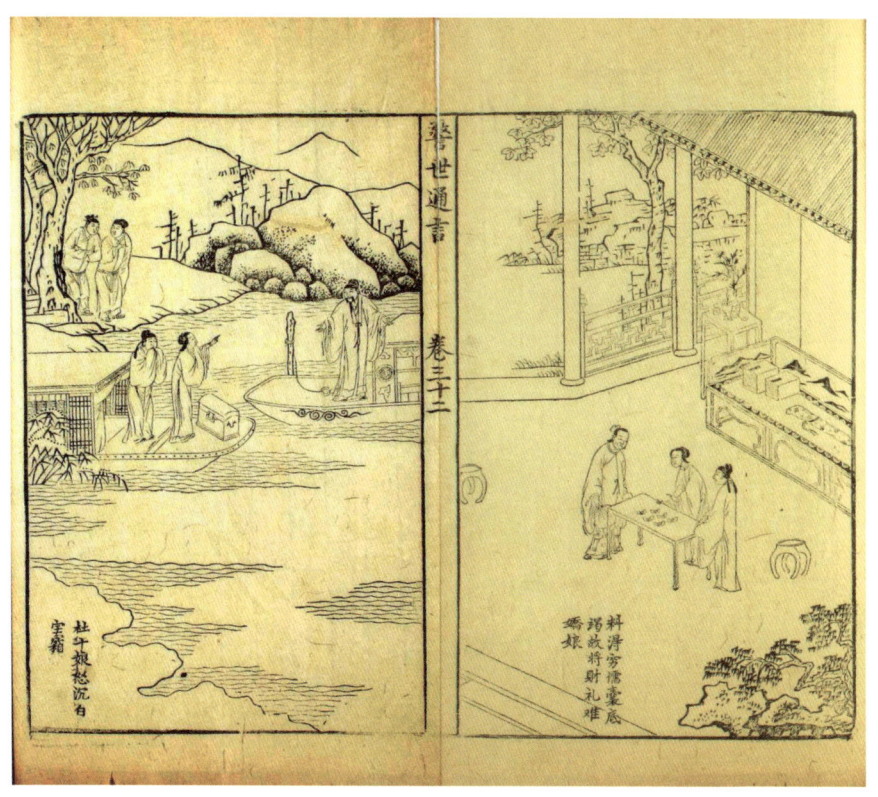

《绣像本警世通言》插图　明刻本

明代苏州人文荟萃，街市繁华，商贸发达，产生了一个生活之余追求文化娱乐消费的庞大群体。冯梦龙的通俗小说开启了苏州市民阅读的热潮，并带动了郡城阊门书业的相应发展。

《新编绣像邯郸记》二卷 [明]汤显祖撰 [明]臧晋叔订 明万历刻本

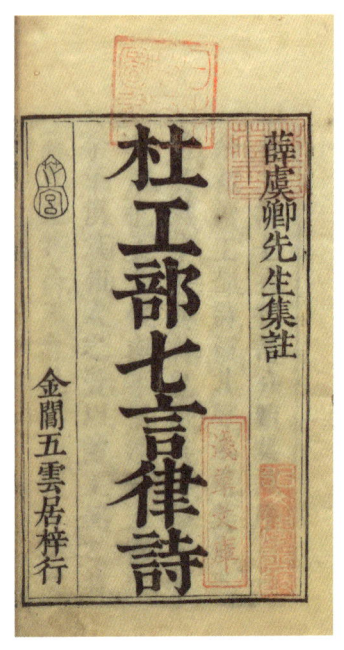

杜工部七言律诗分类集注

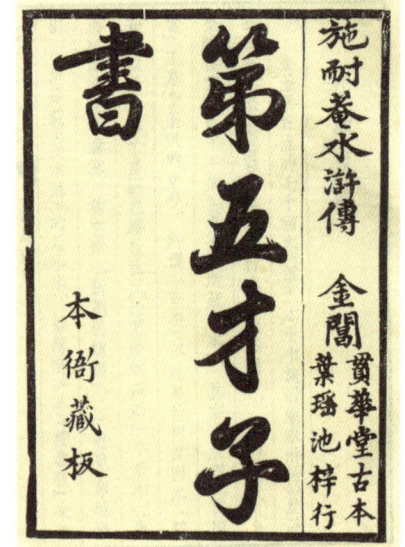

《第五才子书·水浒传》
明金阊贯华堂古本

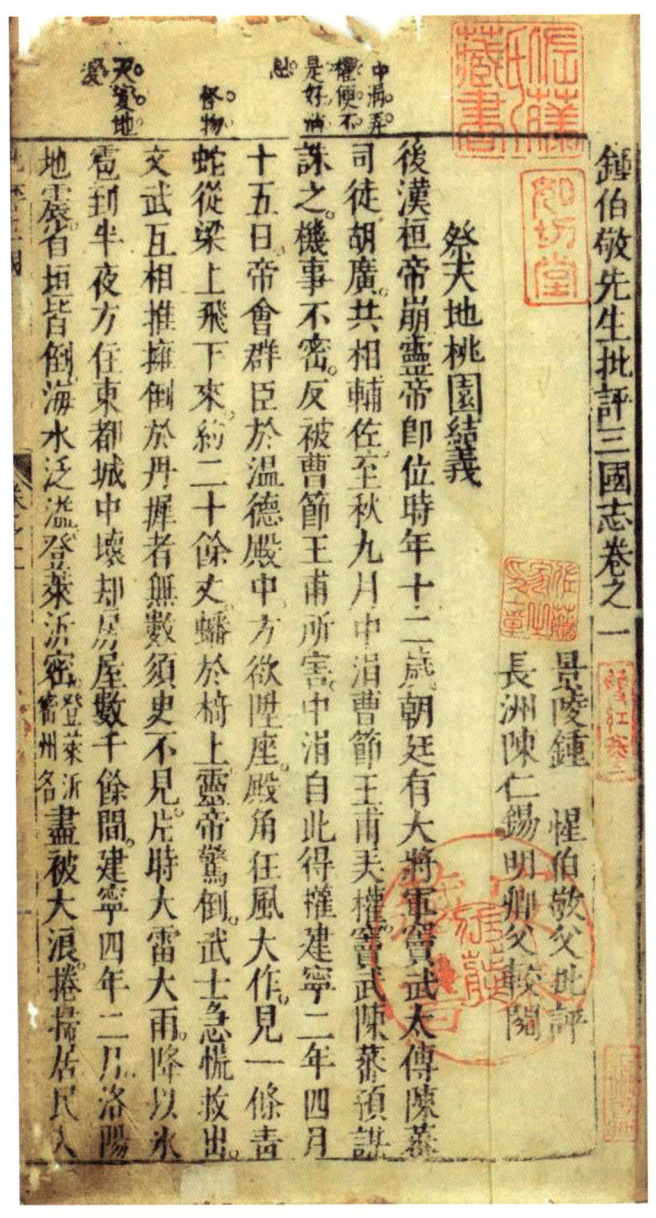

《钟伯敬先生批评三国志》一百二十回　明刊本

明代涌现出大量通俗文学作品的评点本。今人从中可以看到当时的文人为推动通俗文学作品的社会阅读所做出的努力。

《史记评林》 [明]凌稚隆辑 明万历二年至四年（1574年—1576年）凌稚隆刻本 藏于上海辞书出版社

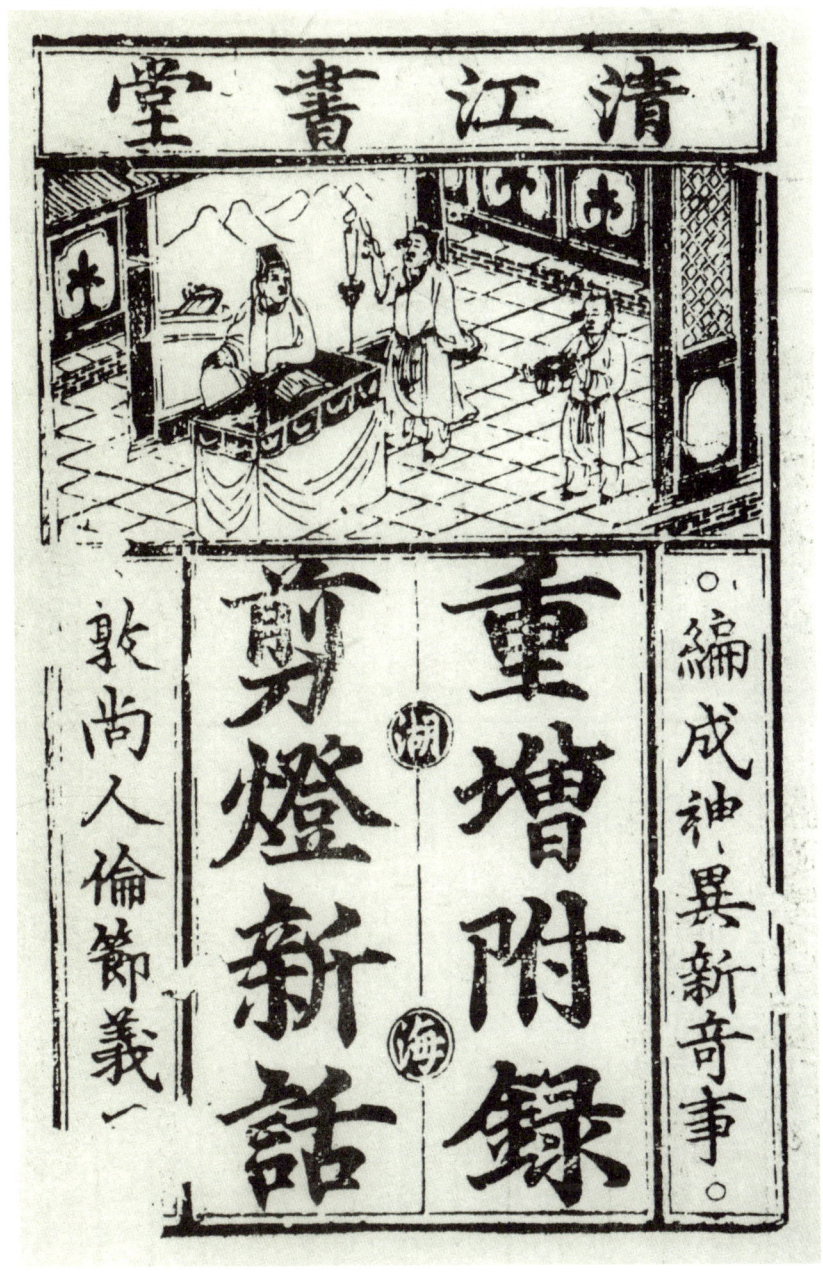

《剪灯新话》 [明]瞿佑 明正德六年（1511年）杨氏清江书堂刻本

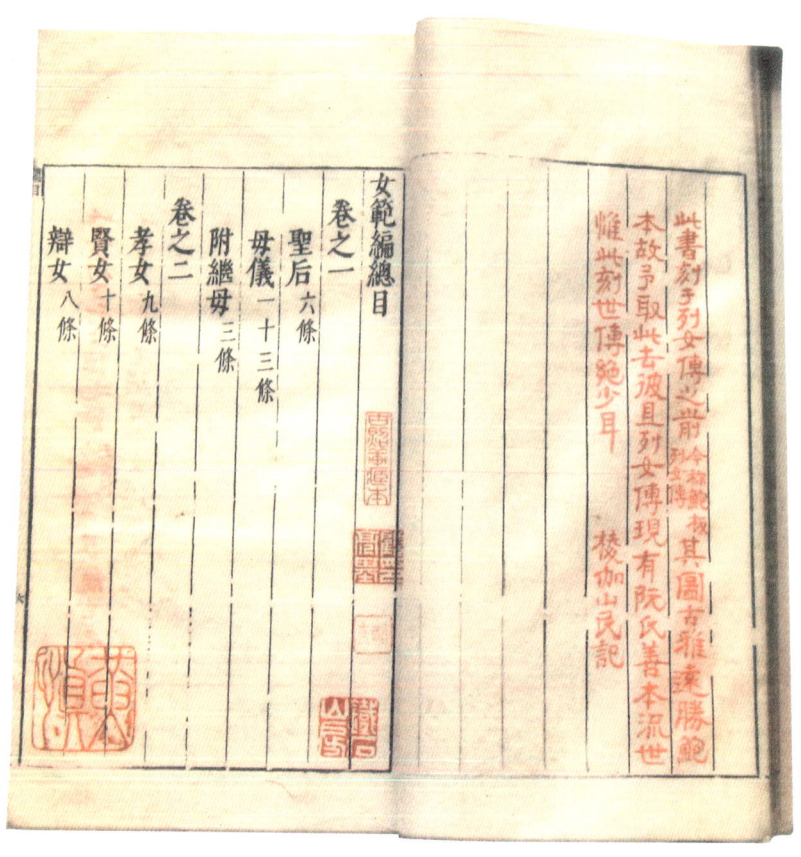

《女范编》 [明]黄尚文辑 明万历刻本

明朝黄尚文等人搜集自汉代至宋代的列女传记,从中选择120个典型人物事迹编为《女范编》,并请画师根据她们的主要事迹各绘一幅图,与文字配合印行。《女范编》通俗易懂,是明代妇女教育的普及读物。

《李卓吾先生批评忠义水浒传》 明万历年间杭州容与堂刊本

上图中的刊本是现存各类百回本《水浒传》中内容最为完整的。明代通俗文学阅读盛行,各类小说、戏曲作品流传广泛。为了吸引读者,绣像本大量涌现。

《水浒传》 ［元］施耐庵 清金人瑞删评 明崇祯贯华堂刻本

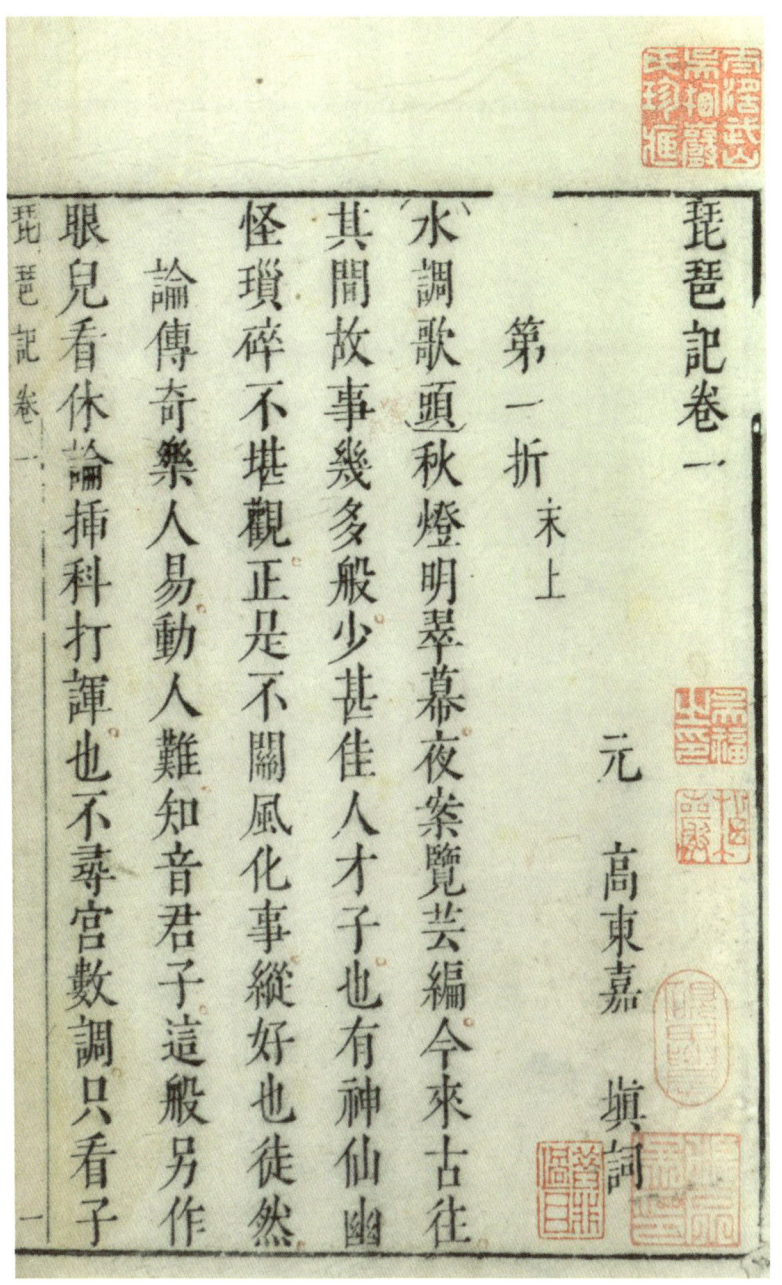

《琵琶记》 [元]高明著 [明]王文衡绘 明万历刻本

《琵琶记》

望江亭中秋切鱠旦

元 關漢卿 譔

正目 洞庭湖半夜賺金牌
望江亭中秋切鱠旦

第一折

〔冲末扮白姑姑上〕道可道非常道名可名非常名貧姑乃白姑姑是也在這清庵觀裏做着簡住持幼年捨俗出家此處有一女人乃是譚記兒生的模樣過人不幸夫主亡逝已過此簡女人家中守寡逐朝每日來俺觀裏與貧姑攀話訴有一姪兒姓白是白士中數年不見音信皆無近來聞知得了官也未能相會今日無甚事看有甚麼人來〔白士中上〕萬般皆下品惟有讀書高一自登科甲金榜姓名標小官白士中前往潭州為理路打清庵觀過觀中有我的姑娘是白姑姑在此觀中一領曲齋藏板

《古杂剧·望江亭中秋切鲙旦》 [明]王骥德编 明万历年间顾曲斋刻本 藏于中国国家图书馆

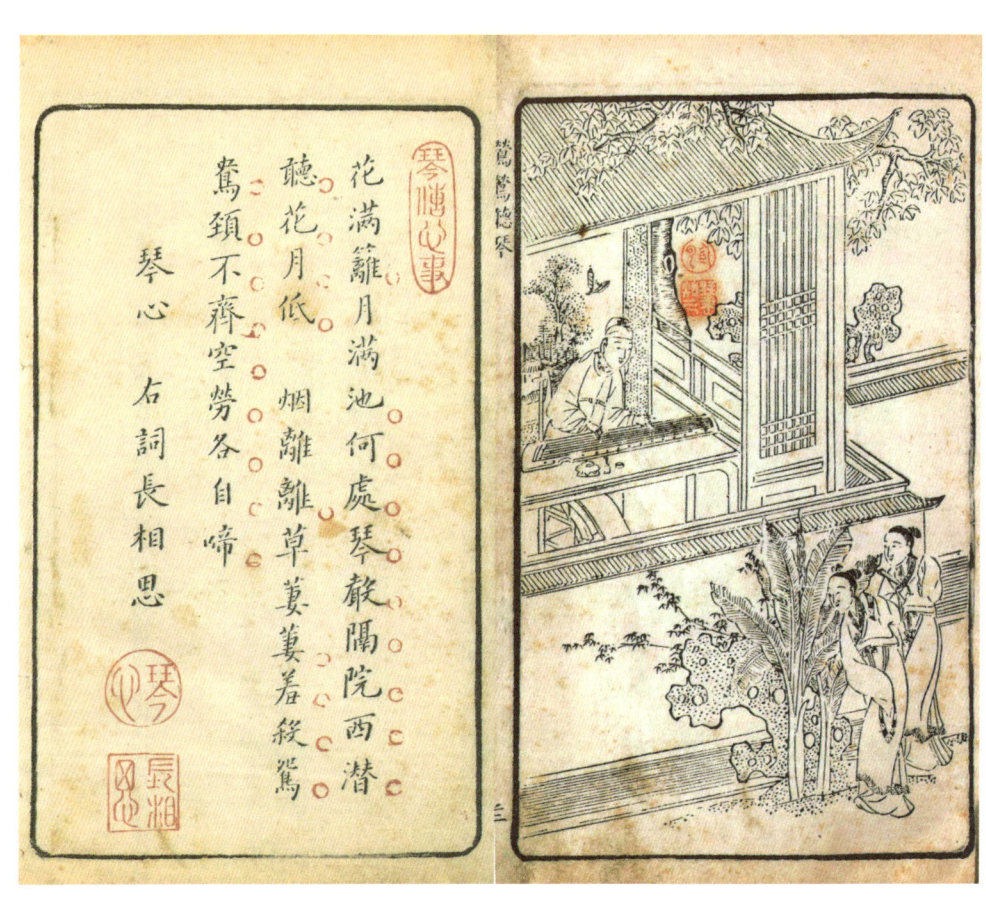

《莺莺听琴》 绣像西厢时艺插图 清康熙刻本

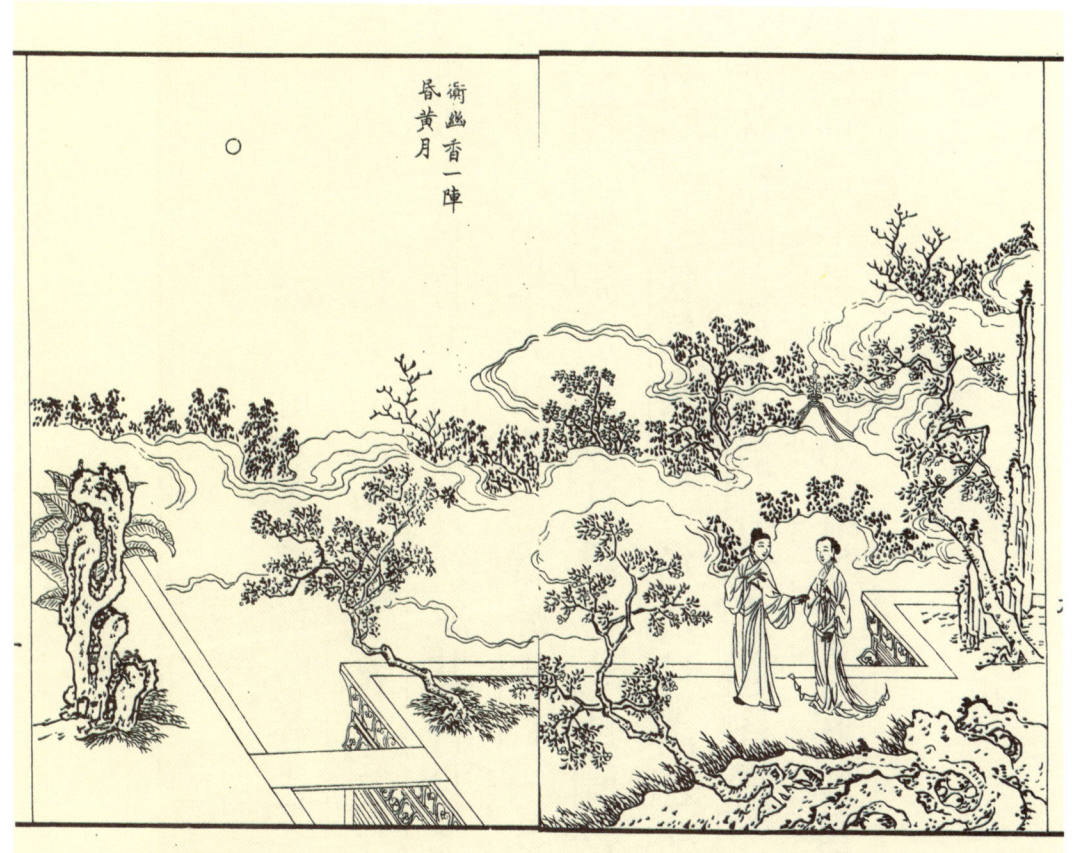

《牡丹亭》插图　1926年武进陶湘喜咏轩据明天启年间吴兴闵氏刊朱墨套印本石印

《西学凡》 ［意大利］艾儒略撰　郑振铎藏

《西学凡》主要记述了17世纪欧洲学术的概况，是明末西学东渐的重要文献。

清代

清 代 | 195

《康熙帝读书像》

《雍正帝读书像》
绢本 藏于北京故宫博物院

《嘉庆皇帝春苑展书像》 清宫廷画家绘

故宫文渊阁

乾隆皇帝下诏编纂《四库全书》，编成的《四库全书》共七部，分别放置于"北四阁"和"南三阁"中。"北四阁"为紫禁城内文渊阁、圆明园文源阁、承德避暑山庄文津阁、沈阳故宫文溯阁。"南三阁"包括镇江文宗阁、扬州文汇阁、杭州文澜阁。文源阁、文宗阁、文汇阁皆毁于近代战火之中。

武英殿

武英殿，始建于明初，清康熙年间首开武英殿，开清代修刻书专门机构的先河。康熙十九年(1680年)，朝廷将殿内左右廊房设为修书处，掌管刊印、装潢书籍之事。其所刻之书字体秀丽工整，绘图完善精美，书品甚高，世称"殿本"。

圆明园文源阁遗址

承德避暑山庄文津阁

沈阳文溯阁

甘肃兰州文溯阁四库全书藏书馆

20世纪60年代，相关部门为保证文溯阁《四库全书》的安全，将其从沈阳运至兰州。兰州文溯阁四库全书藏书馆于2005年建成。

甘肃省图书馆文溯阁四库全书藏书馆

浙江杭州文澜阁

文澜阁内景

游文书院

　　游文书院位于江苏省常熟市虞山，由清朝雍正年间粮储道杨本植创办。

贵州甲秀楼

甲秀楼位于贵阳市南明区南明河畔,始建于明万历二十五年(1597年),现存建筑为清代重修。相传甲秀楼是时人为了纪念一位贵阳人考取状元而为他集资修建的藏书楼,体现了边疆少数民族地区人民对于读书的热爱和对读书人的尊敬。

贵州甲秀楼·涵碧亭

海宁清代藏书楼

青海塔尔寺印经院

塔尔寺印经院位于青海省湟中县塔尔寺内,是藏区印经中心之一。塔尔寺印经院始建于清道光七年(1827年)。印经院建成后,长期从事藏传佛教经书的校刊、印制工作,此后逐渐发展成为一座颇具规模、印量巨大的印经院,藏有3万余块各种典籍的刻版和佛画木刻印版。

嘉业堂藏书楼

　　嘉业堂藏书楼位于浙江南浔，是清末民初著名的藏书楼，由民族资本家刘承幹所建。刘氏家族世代豪富，至刘承幹时，他酷嗜藏书、刻书，短短几年间，藏书量便直追铁琴铜剑楼等清末著名藏书楼。嘉业堂藏书楼的营建始于民国九年（1920年），因藏书量激增，刘承幹在上海的寓所已不敷用，于是便在家乡南浔故居小莲庄旁，置地20余亩，耗资12万元，建造藏书楼。正堂所悬"钦若嘉业"匾额，是宣统皇帝溥仪所赐。据统计，嘉业堂藏书全盛之时，计有各类古籍1200余部，16万册。

"钦若嘉业"牌匾

小莲庄

嘉业堂藏书楼书版

乔家大院书种亭匾额

乔家大院位于山西祁县县城15千米外的乔家堡村正中，始建于乾隆二十年（1755年），为著名晋商乔致庸家族居所，是一座典型的清代北方居民建筑。"世间数百年旧家无非积德，天下第一件好事还是读书。"古代中国，士农工商诸般营生，以读书最受人尊重。此匾充分体现了读书在中国古人心中的崇高地位。

《苏州书坊图》 出自清代徐扬《姑苏繁华图》 绢本 原图现藏于辽宁省博物馆

《清代纸谱图》 出自《中华造纸艺术画谱》

清官修类书《古今图书集成》读书部书影

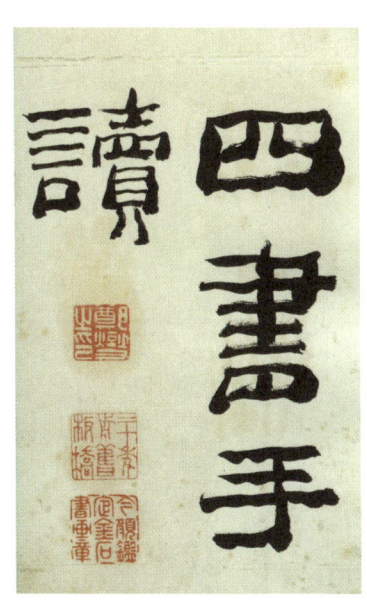

郑板桥《四书手读》

《东塾读书记》 [清]陈澧 稿本

《读书止观录》 ［明］吴应箕　清贵池先哲遗书本

《读书止观录》，由明末吴应箕编撰，共五卷，是在陈继儒《读书十六观》和屠本畯《演读书十六观》的基础上新增而成的。前三卷收录不见于上述两书的先贤读书心得、掌故，第四卷收《读书十六观》，第五卷收《演读书十六观》。

《芥子园画传》　清康熙十八年（1679年）李渔刻　套印本

李渔是明清之际杰出的剧作家、戏剧理论家、小说家和诗人。芥子园是李渔在南京营建的私人园林，李渔在此编书、著书。芥子园印本独步书林，引领了一时通俗阅读之好尚。

《读书铭》 [清]高凤翰隶书 藏于青岛市博物馆

《九日行庵文宴图》 ［清］叶芳林 绢本设色 藏于美国克里夫兰艺术博物馆

行庵位于扬州天宁寺西隅，由扬州富商马曰琯、马曰璐兄弟出资购买。此画描绘了马氏兄弟在行庵会友雅集的情景，展现了清代文人会文交游的场景。

《九日行庵文宴图记》

《竹垞图》（局部） ［清］曹岳

"竹垞"是清代有"海内第一读书人"之称的朱彝尊的别号。朱彝尊因家有竹垞，故取此别号。

《映雪读书图》 ［清］金廷标

《松窗读易图》
［清］原济　立轴
藏于沈阳故宫博物院

　　原济（1641年—1718年），即清代著名画家石涛。原济原姓朱，名若极，明朝宗室后裔，入清后改名为石涛。石涛后来出家为僧，法名初为超济，后改为原济。

《人物故事图册》第二幅 [清]陈宇

《人物画册》第六幅 [清]庄璟

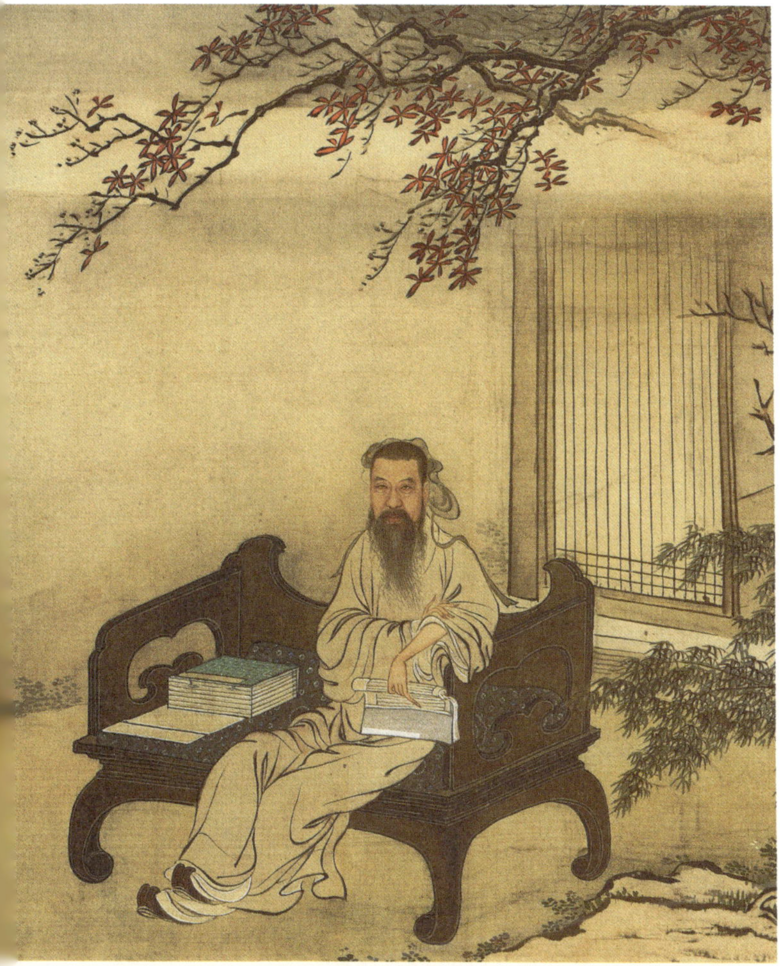

《王士祯放鹇图》（局部）
［清］禹之鼎

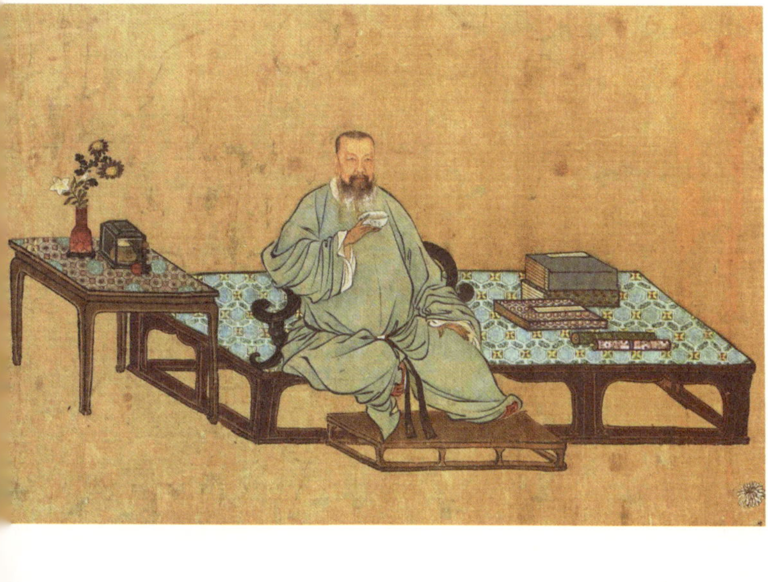

《王原祁艺菊图》（局部）
［清］禹之鼎

《闹学顽戏》 杨柳青年画

近代学校教育制度建立以前,学塾(塾即门侧之堂屋)是儿童接受启蒙教育的场所。它不同于近代学校有各种法定假日和寒暑假,除了每年农历新年、父母和本人生日等少数日期,学童都要在塾中读书,极少能够获得课外游玩的机会。顽童常在老师外出不在的时候,肆意打闹玩耍。因画面热闹,儿童活泼调皮,生机盎然,成为我国年画的常见题材,故一直到晚清,人们都能够在天津杨柳青年画中大量看到。

清 代 | 225

《春闺倦读图》 ［清］冷枚 绢本设色 藏于天津博物馆

《春闺倦读图》展现了清代大家闺秀春闺读书的场景。

《蕉荫读书图》
［清］吕彤　立轴
纸本设色
藏于清华大学美术学院

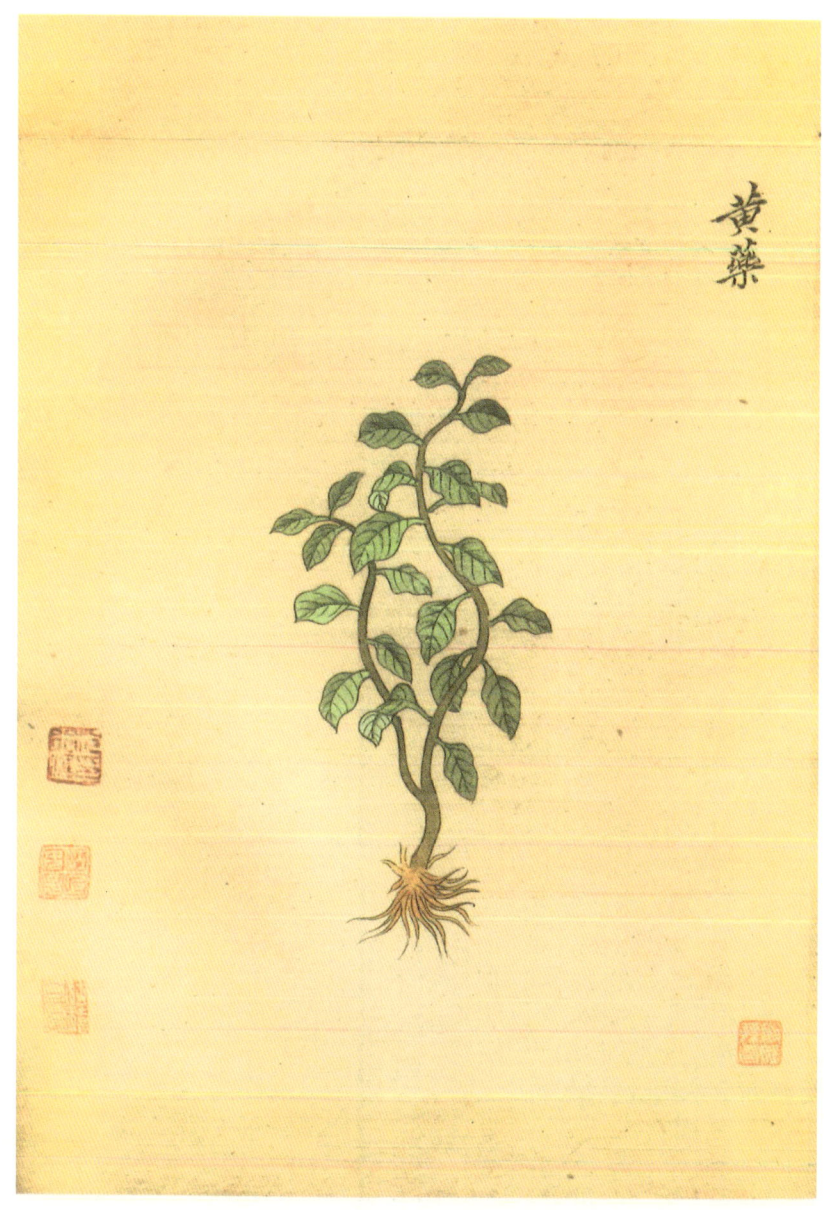

《本草图谱》 ［明末清初］周荣起抄 周淑祜，周淑禧彩绘 经折装

《莲池书院图》　［清］张若澄　藏于台北故宫博物院

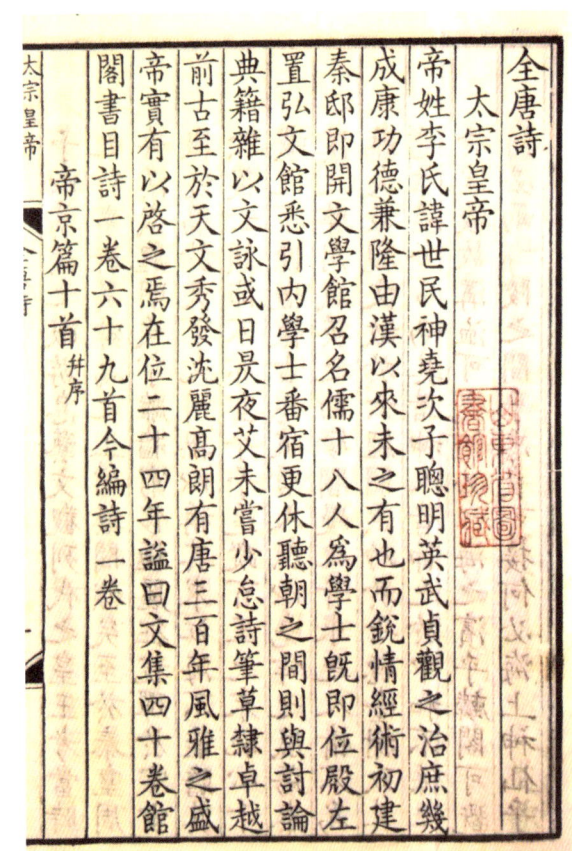

《全唐诗》
［清］曹寅，彭定求等辑
清康熙四十四年至四十六年
（1705年—1707年）扬州
诗局刻本

莲池书院,又称"直隶书院",始建于元代,明清时期持续进行了扩建整修,至雍正年间,逐渐发展成为北方最负盛名的书院之一。

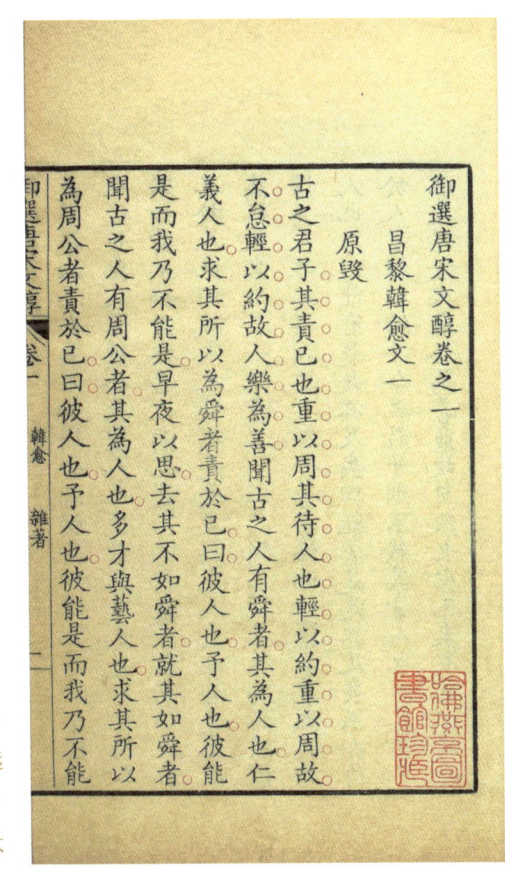

《御选唐宋文醇》
清高宗弘历选
清乾隆三年(1738年)
武英殿四色套印本

《四库全书》

清乾隆三十七年（1772年），乾隆下令在全国征求遗书，次年成立四库全书馆，任命大臣于敏中为总裁，纪昀等为总纂官，《四库全书》的编纂工作开始启动。乾隆四十六年（1781年）十二月，第一部《四库全书》正式修成。全书收录3400余种，7万余卷，基本囊括了先秦以来流传的重要文化典籍。全书一律用毛笔正楷抄写，装订3.6万余册，约8亿字。后又有六部《四库全书》陆续抄写完成。

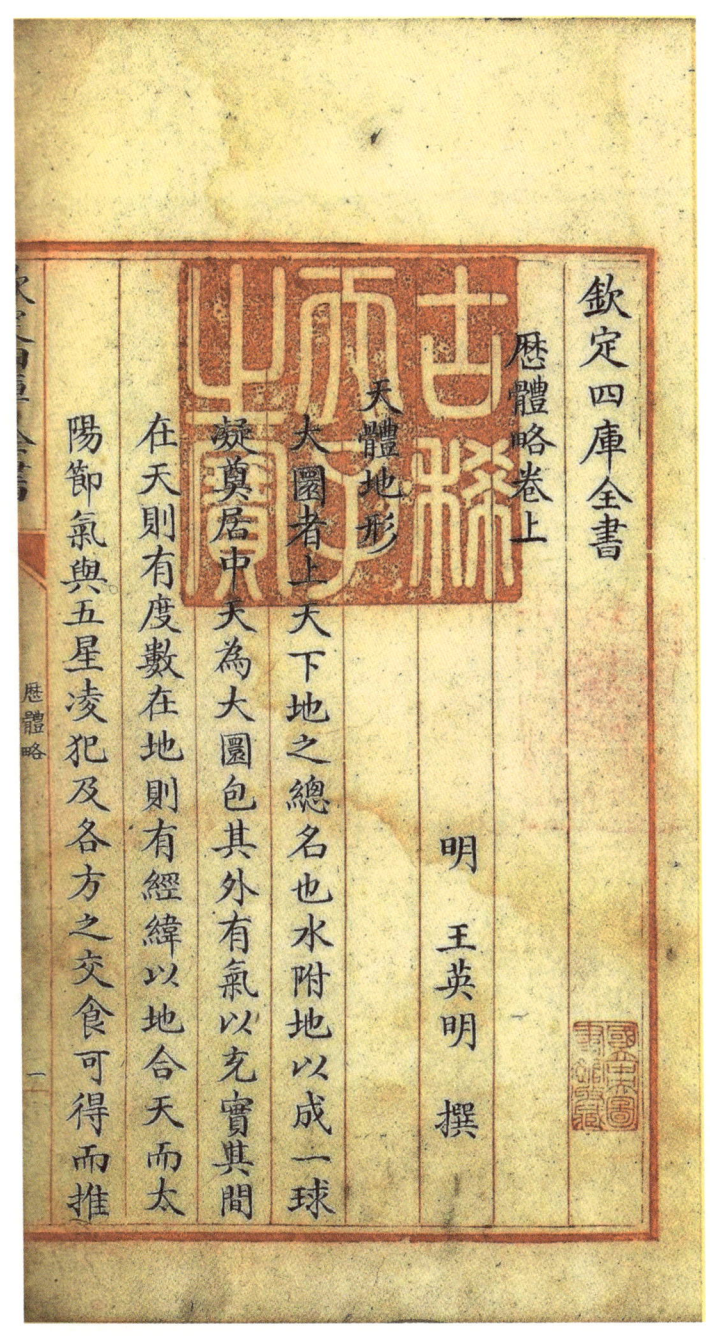

杭州文澜阁《四库全书》

《红楼梦》(程甲本) 清乾隆五十六年(1791年)萃文书屋活字印本 藏于北京大学图书馆

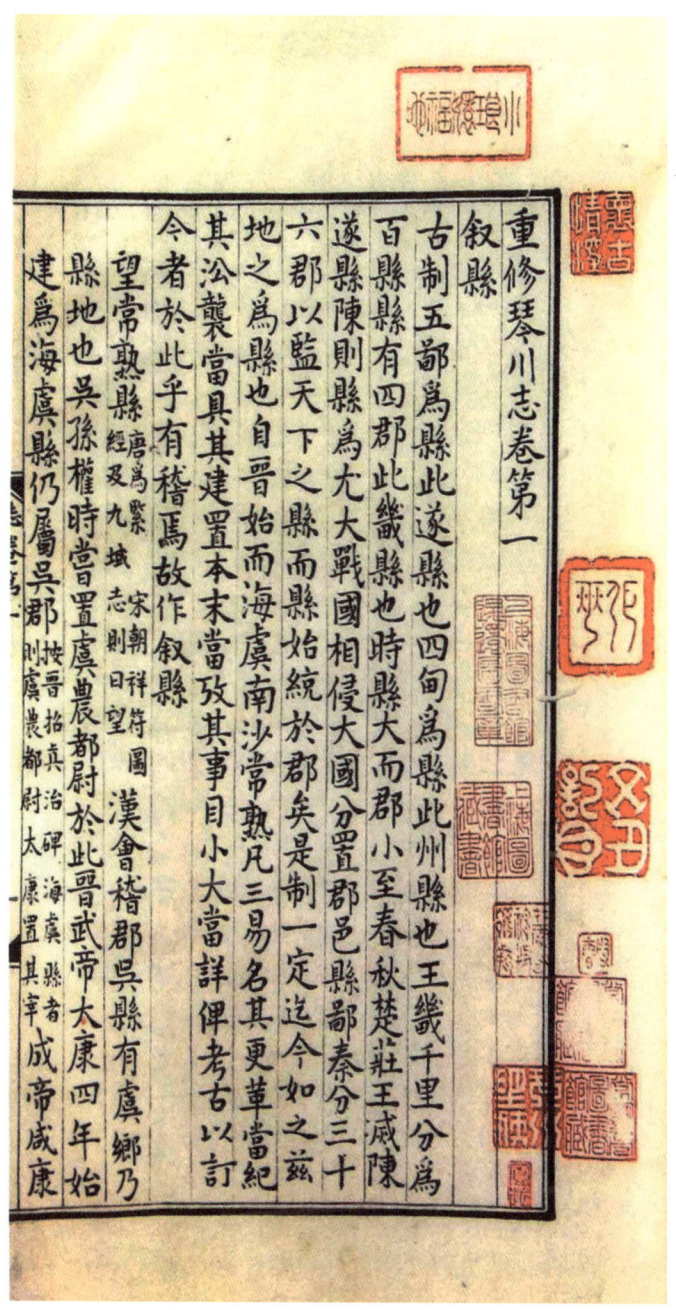

《宝祐重修琴川志》　清常熟张氏小琅环福地抄本　藏于常熟市图书馆

《红楼梦图》 〔清〕孙温

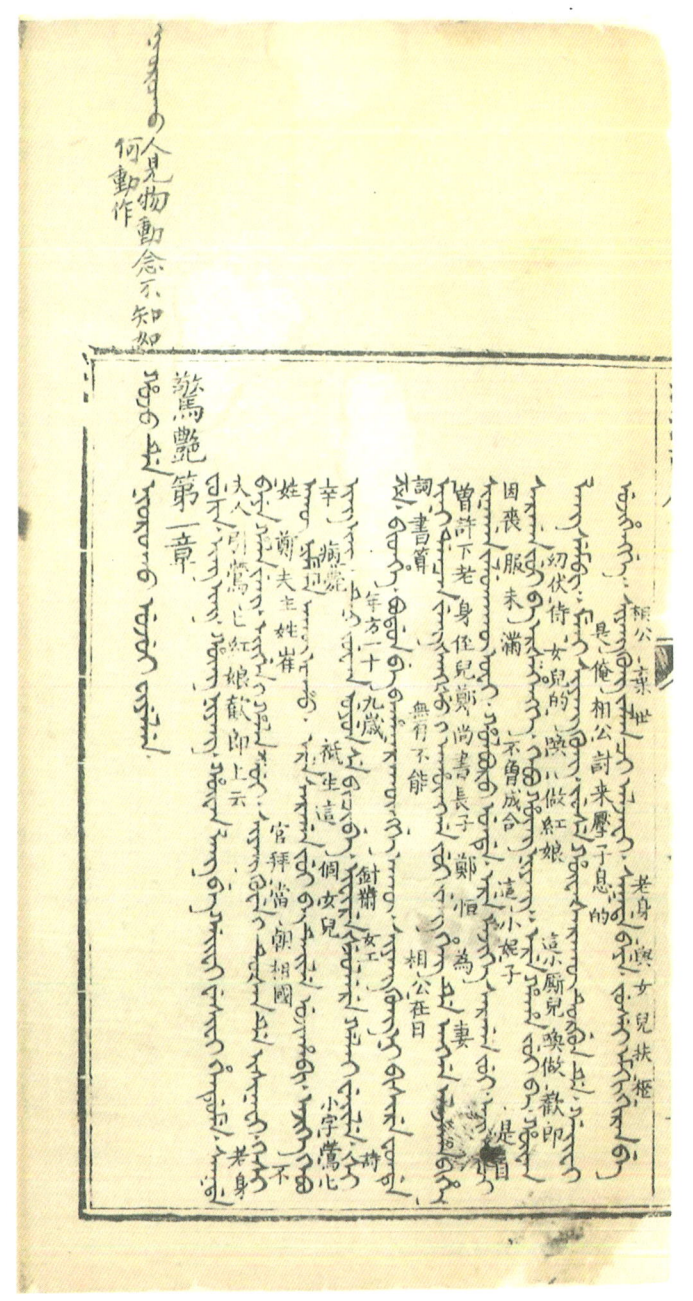

《西厢记》 [元]王实甫 满文汉文 清康熙四十九年（1710年）刻本 线装

《几何原本》　［古希腊］欧几里得撰　［法］白晋，张诚编译　满文　清康熙内府精写本　线装

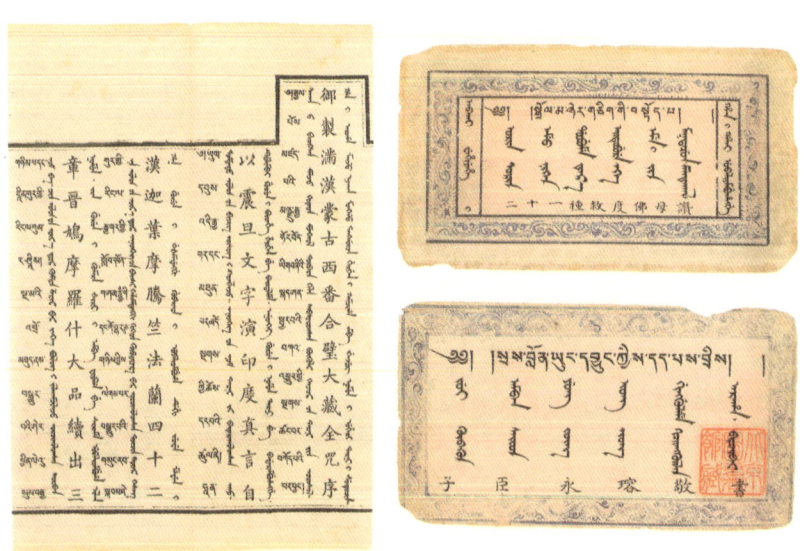

《御制救度佛母赞》　多文种　清乾隆永瑢抄本　梵夹装

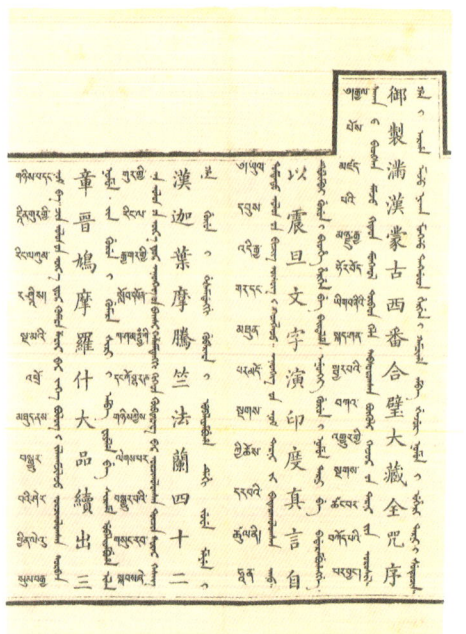

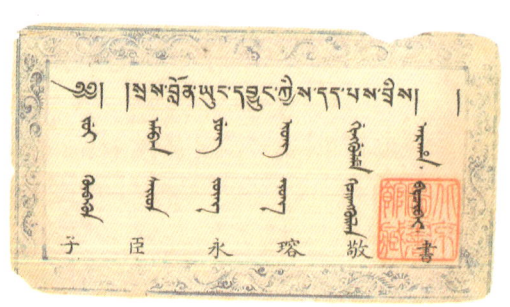

《御制满汉蒙古西番合璧大藏全咒》 多文种 清高宗弘历敕修 清乾隆三十八年（1773年）刻本 经折装

讀書法彙

桐華閣叢書

巴陵杜貴墀 仲丹

黃庭堅書贈韓瓊秀才讀書欲精不欲博用心欲純不欲雜讀書務博常不盡意用心不純訖無全功治經之法不獨玩其文章談說義理而已一言一句皆以養心治性事親從政取友接物得失憂樂一考之於書然後嘗古人之糟粕而知味矣

康節先生勸學曰二十歲之後三十歲之前朝經暮史畫子夜集紀聞

朱人盛庶齋如梓老學叢談學貴乎問聖賢立教及經書所言不一而止晦菴先生無書不讀啟棘賓商猶作書與

《读书法汇》　[清] 杜贵墀　清光绪桐华阁丛书本

　　《读书法汇》由清朝杜贵墀所著。该书被《丛书集成初编》收入，由于《读书法汇》汇选历代关于读书法之文字，因此体例略显杂乱。

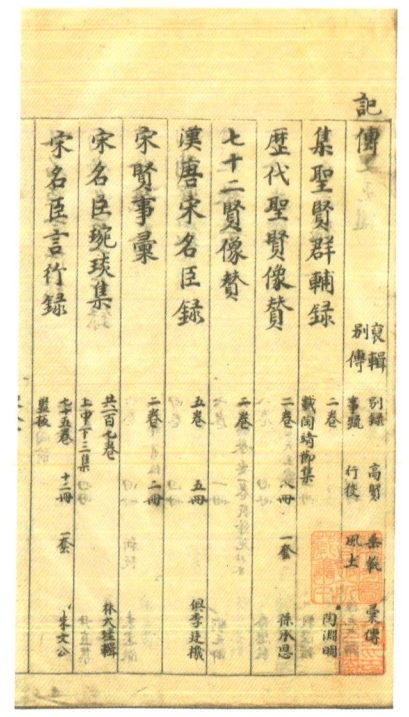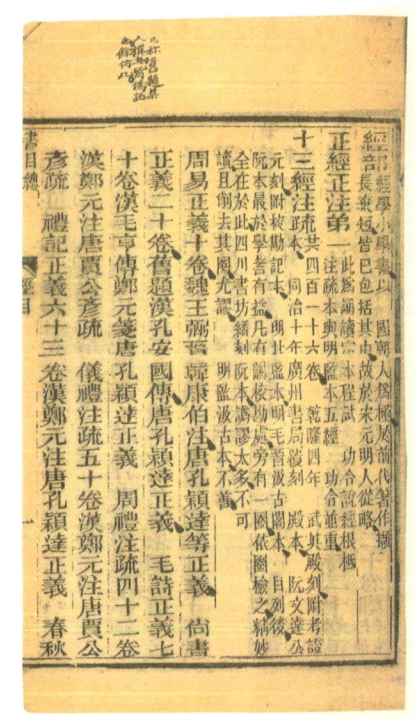

《书目答问》 ［清］张之洞撰 叶德辉批校 清光绪元年（1875年）刻本

《书目答问》是清代名臣、宿儒张之洞为学子开列的推荐书目。张之洞（1837年—1909年），字孝达，号香涛，直隶南皮人，洋务运动的代表人物。同治十三年（1874年），张之洞任四川学政，批评生童不善读书。生童问他："应读何书，书以何本为善？"因此，张之洞便着手编写了《书目答问》五卷，列举了2200余种图书。该书著录简明扼要，每一部书下，注明作者、版本，卷数异同，特别重要者，并有简要评价。该书中所推荐的图书多为当时的常见书，起到了指导学问门径的作用。故而此书刊行后极受欢迎，多次再版，出现了洛阳纸贵的盛况。

搜访古书　表彰清末访日官员暇余搜访古书的行为　出自《点石斋画报》

《点石斋画报》是中国近代影响最大的石印版印刷的绘画画报，1884年5月8日创刊于上海，旬刊，由申报馆点石斋印书局出版，吴友如主编。其内容多为社会新闻，也有部分国际新闻，以适应在新闻业大发展的社会环境中大众阅读的需要。1896年底该画报停刊，共出版528册。

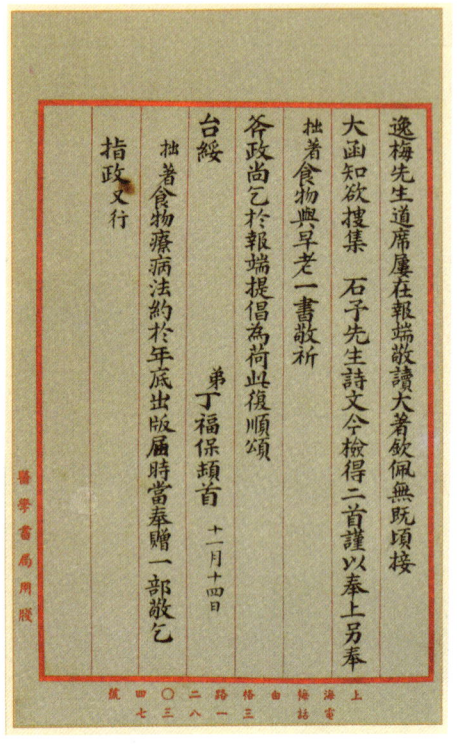 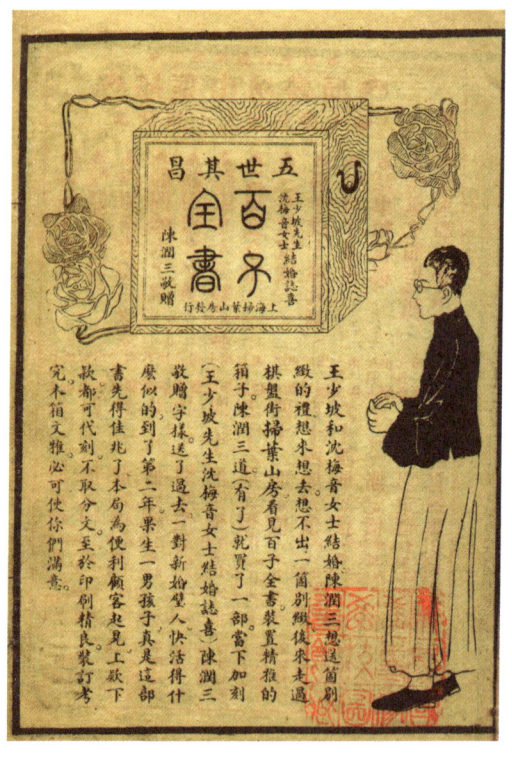

《丁福保致郑逸梅书札》 出自陈烈《小莽苍苍斋藏清代学者书札》　　清末扫叶山房售书广告

丁福保在致郑逸梅的书札中，请郑逸梅在报纸上撰文宣传推广自己的新著作《食物与早老》。上海著名书店扫叶山房的售书广告也别具新意。二者共同反映出清末新闻业发展时期图书的阅读推广形式的变化与创新。

民

国

梁启超像　1900年摄于澳大利亚

广东新会　怡堂书室　梁启超读书处

梁启超故居·怡堂书室

怡堂书室内景

　　梁启超（1873年—1929年），字卓如，号任公，别署饮冰室主人，广东新会人，近代著名思想家、文学家。他在引导青年学子阅读中国经典方面建树良多。

飲冰室專集之七十二

要籍解題及其讀法

自序

我對於學問件件都有興味因為方面太多結果沒有一方面做得成功著述更不必說始終沒有專心致志好的著成一部書近幾年來我名下的出版物都不過一個學期所講的講義而且每學期所講義是兩門以上的功課所編總是兩種以上的講義我生平有種壞脾氣曾講過的功課下次便不願再講每次所講總是新編的雖然到休講期間又蒸熱賣那裏能有滿意之作所以每次講完之後便將講義擱起預備從新校改一番總付印但每到休講期間又蒸熱賣那裏能有滿意之作所以每次講完之後便將講義擱起預備從新校改一番總付印但到倦底再說兩三年此類的書去了假期滿後又忙著別的寫說兩三年此類的書去了假期滿後又忙著別的所以舊稿總沒有時候整理只好把他放在篋底再說這部講義是兩年前在清華學校講的清華當局指定十來部有永久價值的古書令學生們每學期選讀一部或兩部書的大概和學生們講講我答應了每隔一星期來講一次一學期間講了從論語到禮記這幾部本來下幾部書的大概和學生們講講我答應了每隔一星期來講一次一學期間講了從論語到禮記這幾部本來下學期還打算續講不幸亡妻抱病跟著出了喪事我什麼功課都做不下去因此向學校辭職足足休講了一年現在雖再來學校也沒有續講的機會

飲冰室專集之七十一

國學入門書要目及其讀法

（甲）修養應用及思想史關係書類

論語　孟子

論語為二千年來國人思想之總源泉孟子自宋以後勢力亦與相埒此二書可謂國人內的外的生活之支配者故吾希望學者熟讀成誦卽不能亦須翻閱多次務略覽其辭或摘記其身心踐履之言以資修養

論語孟子之文並不艱深宜熟讀正文不解處看注釋注釋之書朱熹四書集註爲其生平極矜愼之作可讀但其中有墮入宋儒理障處宜分別觀之淸儒注本論語則有戴望注孟子則有焦循孟子正義最善戴氏服膺顔習齋之學最重實踐故似近孔門眞際其訓詁亦多較朱注優焦氏書簡絜易讀焦氏服膺戴東原之學其孟子正義在淸儒諸經新疏中爲最佳本但文颇繁宜備置案頭不時或有所咸時則取快參考

戴震孟子字義疏證乃一家哲學並非專爲注釋孟子而作但其書極精闢學者終須一讀最好是於讀孟子時並讀之既知戴學綱領亦可以助讀孟子之興味

焦循論語通釋乃摹仿孟子字義疏證而將全部論語拆散標準重要諸義如言仁言忠恕……等列爲若

王国维故居

　　王国维（1877年—1927年），字静安，初号礼堂，晚号观堂，谥忠悫，浙江海宁人，近代著名学者，在西方哲学、美学、戏曲学、史学、考古学、古文字学等方面均有开拓性贡献，其《人间词话》中提出的成就"大事业""大学问"的境界，对我国近现代文艺理论和文学鉴赏的发展产生了重要影响。

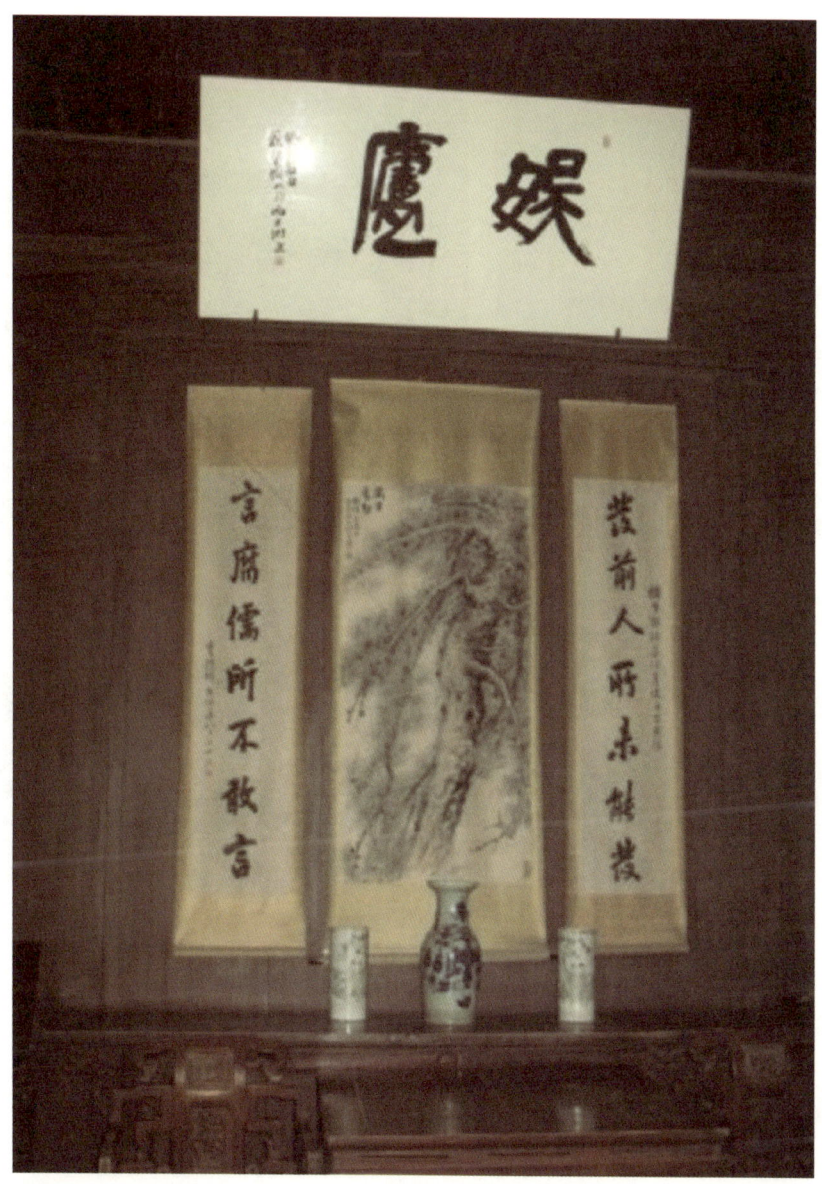

王国维故居内部陈设

鲁迅五十岁庆祝会时摄

鲁迅与萧伯纳、蔡元培合影 1933年在宋庆龄宅欢迎萧伯纳时摄

鲁迅于1927年10月初自广州到达上海,直至去世,他始终在上海坚持进行卓有成效的革命文学的创作和传播活动,先后主编《朝花》《未名》《萌芽月刊》等刊物。他撰写大量优秀的杂文,有力地推动了上海乃至全国优秀进步文学的阅读活动。

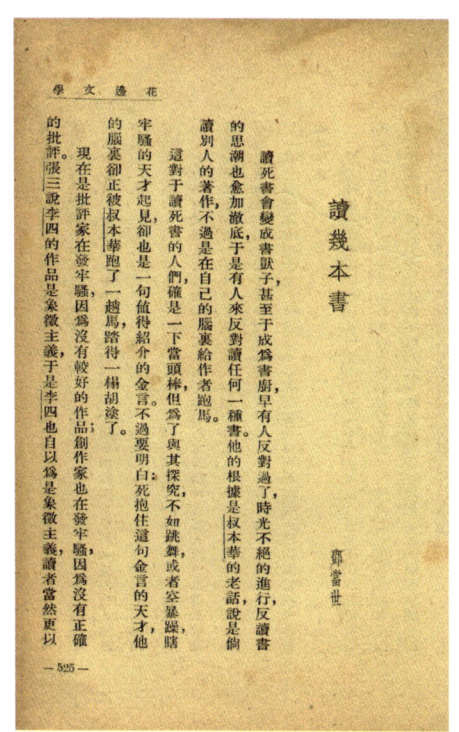

《读几本书》
见《鲁迅全集》第 5 卷
鲁迅先生纪念委员会编
鲁迅全集出版社 1946 年版

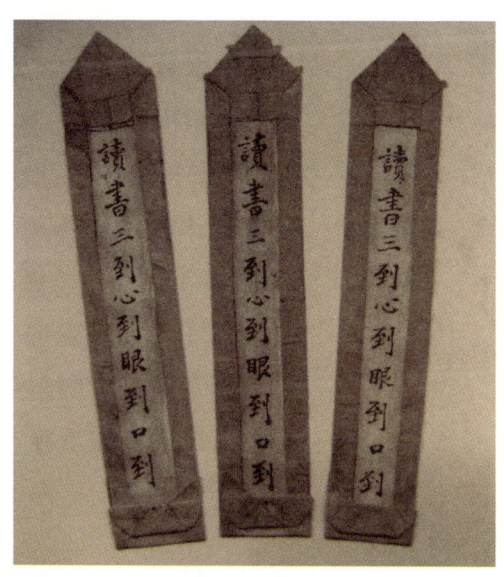

鲁迅的"三到"书签

青年胡适　　　　　　　　　胡适在北京钟鼓寺寓所（1942 年）

胡适（1891 年—1962 年），字适之，安徽绩溪人，著名思想家、哲学家，新文化运动的倡导者和领导者。1923 年，应《清华周刊》之邀，根据《一个最低限度的国学书目》，胡适拟定了《实在的最低限度的书目》，与梁启超展开了一场关于中国经典阅读的论争，对青年学子影响巨大。

《怎样读书》　胡适等著
上海一心书店 1935 年版

近百年來諸儒論讀書

每一時代的學者，必有許多對後學指示讀書門徑和指導讀書方法的話。循此推尋，不僅使我們可以知道許多學術上的門徑和方法，而且各時代學術的精神、路向和風氣之不同，亦可藉此窺見。本篇為便初學，遠的不說，專取其「近己而俗變相類」者，粗逃百年來，而自陳澧始。

一 陳澧

（一）

陳澧，廣東番禺人，生於清嘉慶十五年，距今已一百二十餘年。當他十五歲時，兩廣總督阮元在廣州粵秀山建學海堂，是為長江下游清代考據經學傳播到南方之重大開始。陳澧在他十七歲

《近百年来诸儒论读书》　钱穆

1936年，北平各大学的学生发起读书运动，并向学者征文。《近百年来诸儒论读书》即为钱穆先生的应征之作，主要论述清陈澧以来学者的读书之说。

台北钱穆故居——素书楼客厅一角

钱穆（1895年—1990年），字宾四，江苏无锡人，现代著名的历史学家、教育家，国学大师。他出身于书香世家，著有《近百年来诸儒论读书》《读书漫谈》等文，系统总结并阐释其阅读理念。晚年，钱穆编著了《中国史学名著》，专门向青年学生介绍史学名著的读法。

台北钱穆故居——素书楼门前外景

朱自清像
摄于 20 世纪 20 年代

朱自清（1898年—1948年），字佩弦，号秋实，中国近代散文家、诗人、学者、民主战士。朱自清编著的《经典常谈》出版于1946年，是专门为中学教师和中学生所撰写的一本名著导读。该书一经出版，大受欢迎，几十年来再版无数。

《经典常谈》
朱自清

湖南图书馆张舜徽先生藏书专室

《清人文集别录》 张舜徽先生手稿

张舜徽（1911年—1992年），湖南沅江人，著名历史学家、文献学家。生前，张舜徽先生将自己的全部藏书无偿捐赠给家乡的湖南图书馆。

湖北省图书馆

    湖北省图书馆成立于清光绪三十年（1904年）七月十七日，由武昌博文书院旧址改建而成。1927年，馆舍遭到破坏，1935年时人在武昌蛇山南麓修建新馆舍。抗战时湖北图书馆曾西迁恩施，1945年迁回武汉。

    近代以来，随着西方图书馆学思想的传入，以及民众教育的需要，各类型近代意义上的图书馆纷纷兴建，阅读成为人们的普遍权利，并由精英群体走向社会大众。私人藏书楼向图书馆的过渡，折射了中国阅读史的重要变革。

江南图书馆

　　江南图书馆是中国近代最早的公共图书馆之一，它是由两江总督端方于1907年奏请清政府创办的。1907年11月，该图书馆收购杭州丁氏兄弟八千卷楼藏书；1913年更名为江苏省立图书馆，其后多次改名；1952年并入南京图书馆。

山东省图书馆

　　山东省图书馆创建于清宣统元年（1909年），地处大明湖畔。建馆之初该馆定名为山东图书馆，1925年改称山东公立图书馆，1929年再改称山东省立图书馆，1952年改称山东省图书馆。

中国国家图书馆文津街分馆

中国国家图书馆的前身是建于 1909 年的京师图书馆，馆舍设在北京广化寺。1912 年 8 月 27 日京师图书馆开馆接待读者。1928 年起京师图书馆改名为国立北平图书馆。1931 年国立北平图书馆的文津街馆舍建成，现为国家图书馆古籍馆。

广州市立中山图书馆

广州市立中山图书馆创建于 1933 年 10 月，原址位于广州市文德路 81 号，是粤籍华侨为纪念孙中山先生集资兴建的。1955 年该馆与广东省人民图书馆合并，成立广东省立中山图书馆。新馆落成后，原文德路分馆改为古籍和地方文献部。

上海市立图书馆

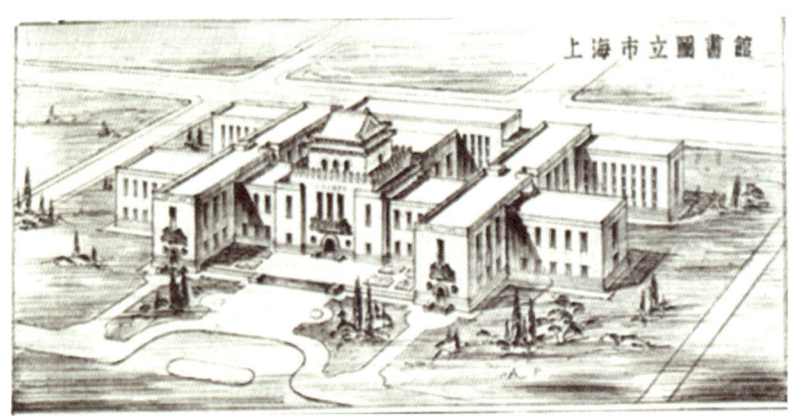

上海市立图书馆董大酉手稿草图

　　上海市立图书馆的前身是上海特别市立图书馆和工部局公共图书馆。1928年，上海已为特别市，决定创建市立图书馆，因故未成。1931年，市立图书馆在南市文庙建成，但馆舍狭小，不能满足需要。1935年，上海市立图书馆董事会正式成立，蔡元培被推举为董事长，王云五为副董事长，在江湾建设新的上海市立图书馆。1935年10月，馆舍建成，次年9月正式开放。

徐家汇藏书楼

徐家汇藏书楼创建于1847年,是上海近代史上最早的图书馆。该图书馆原本是为上海天主教耶稣会建的专属藏书楼,1955年以前为神学院专用,1956年后归入上海图书馆。

首都图书馆旧址——北京国子监

　　首都图书馆的历史可追溯至 1913 年,由鲁迅先生亲自参与创建的京师图书分馆与京师通俗图书馆、中央公园图书阅览馆几经合并演变而成。该馆的馆址最初在北京宣武门内头发胡同翰林院讲习所所处的位置,1953 年迁至西华门,1957 年 3 月迁入国子监,定名为首都图书馆。2001 年,首都图书馆新馆在北京东南三环外建成。

首都图书馆旧址——北京国子监

罗斯福图书馆旧址

　　1945年4月,曾给中国抗日战争以莫大支持的美国总统罗斯福去世。为了纪念罗斯福总统和中美两国人民的友谊,国民政府决定新建国立罗斯福图书馆。同年12月,罗斯福图书馆定址重庆,在原重庆中央图书馆馆舍基础上改建而成,1947年5月1日正式对外开放。1955年,该馆与重庆市图书馆、北碚图书馆合并,组建成立新的重庆市图书馆。

罗斯福图书馆旧址

金陵大学图书馆旧址

　　金陵大学图书馆创立于1910年，初设在本校中学部学生青年会楼上。后因该馆藏书规模扩大，馆舍不够使用，由金陵大学同学会资助，多次扩建。后来该馆搬入学校新建的北大楼。1925年后，著名的图书馆学家李小缘担任馆长。

燕京大学图书馆旧貌

　　1919年，司徒雷登在中国创办了燕京大学，该校图书馆同期成立，早期馆舍在盔甲厂。1926年，北京西郊的燕京大学新校舍落成，图书馆随之迁入。该新图书馆是一座仿文渊阁的中式建筑。1935年该图书馆曾被扩建，并以其捐赠者伯利夫妇之名命名为伯利纪念馆。1952年院系调整时该馆并入北京大学。

清华大学图书馆

　　清华大学的前身是1911年创办的留美预备学校——清华学堂。1925年起,清华学堂逐渐改办为大学,图书室也相应改名为清华大学图书馆。1919年和1931年,清华大学图书馆总馆馆舍分两期建成。

武汉大学图书馆

武汉大学的前身是清末创办的武昌高等师范学校，1913年武昌高等师范学校图书馆成立。1931年武汉大学建立，图书馆随之搬入珞珈山新校园文学院。抗战期间，武汉大学图书馆随学校迁往四川，1946年回迁至武汉。

东南大学孟芳图书馆

1921年，东南大学成立时向社会募集资金兴建图书馆。1923年东南大学图书馆正式落成，以主要捐赠者江苏督军齐燮元之父的名字命名，张謇题匾。

东南大学孟芳图书馆

河南大学六号楼图书馆

　　1922年，冯玉祥督军河南，主张创办大学。河南留学欧美预备学校改名为"中州大学"。1924年，学校将原教学中心——六号楼，逐渐改建为校图书馆，并于当年1月正式开放该馆。

河南大学六号楼图书馆

司徒氏通俗图书馆

司徒氏通俗图书馆位于广东省开平市赤坎镇，为司徒姓氏人员所建，故得此名。20世纪20年代初，旅居美国、加拿大的华侨司徒于慈、司徒于衍等人倡议创办通俗图书馆，华侨踊跃参与。1923年图书馆奠基，1925年落成，1926年在图书馆楼顶增建大钟楼一座。

修缮后的司徒氏图书馆

东方图书馆建成图

　　1902年，张元济加入商务印书馆，不久后担任新筹建的编译所所长，1916年开始任商务印书馆经理。在他的主持下，商务印书馆刊印了大量大型古籍丛书，对弘扬传统文化、促进学术发展起到了不可估量的作用。1921年，在商务印书馆创立25周年之际，张元济提议创办公共图书馆。商务印书馆遂出资在上海宝山路商务总厂对面建造了四层钢筋混凝土大楼，将涵芬楼藏书移入，又增添报刊、图书阅览室，定名为东方图书馆，王云五任馆长。1926年5月3日东方图书馆正式对外开放。东方图书馆是当时最大的私立图书馆。1932年，侵华日军发动"一·二八"事变，东方图书馆毁于炮火中。

被侵华日军炸毁后的东方图书馆

广东开平关族图书馆

广东开平关族图书馆位于广东省开平市赤坎镇，始建于1929年，1931年春告成。1928年，本地旅加华侨关崇藻、关国暖倡议旅居美国、加拿大及东南亚各国的关姓华侨和港澳同胞共同集资，为家乡建设一座图书馆，得到了族人的大力响应。建成后的图书馆是一座三层钟楼式钢筋水泥结构楼房，图书馆的建立对于促进地方文化发展产生了积极的意义。

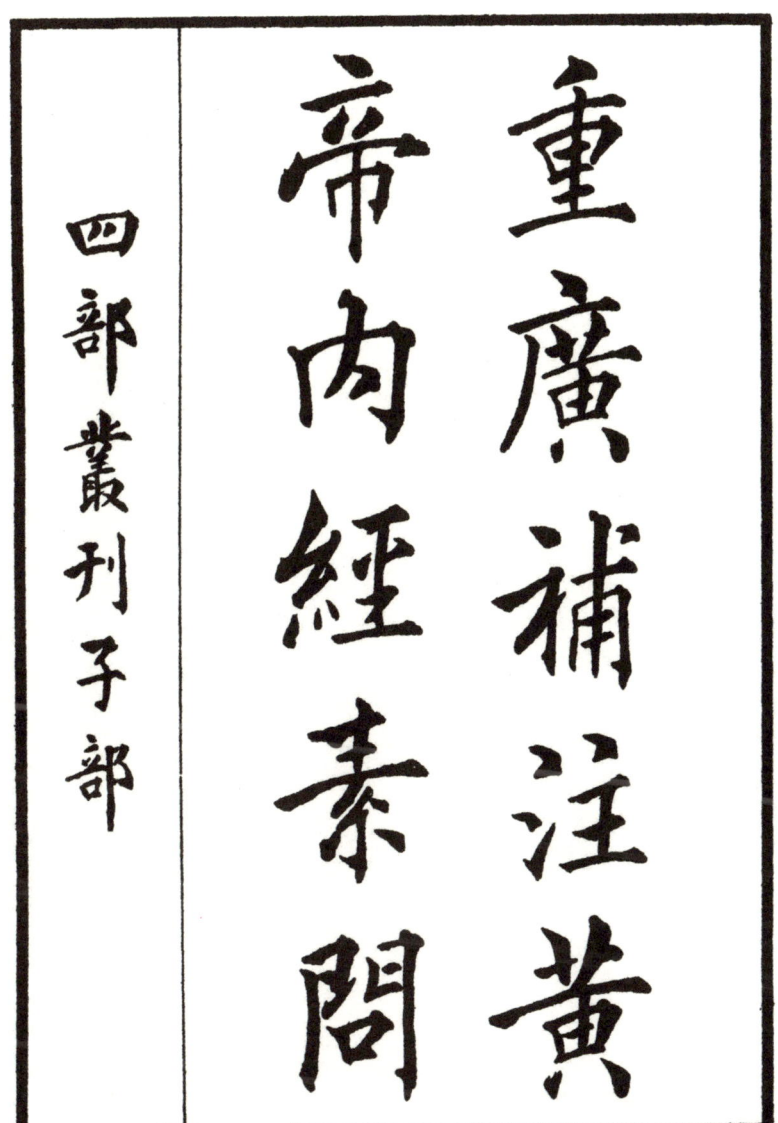

《四部丛刊》 张元济等辑

　　《四部丛刊》由商务印书馆于1919年至1936年影印，共三编，收集宋元以来古籍善本477种。

民国四部丛刊

民　国 | 283

民国四部丛刊

《四部备要》

　　《四部备要》由中华书局于1920年至1936年编辑出版，共收书336种，用丁氏仿宋活字排印。

民 国 | 285

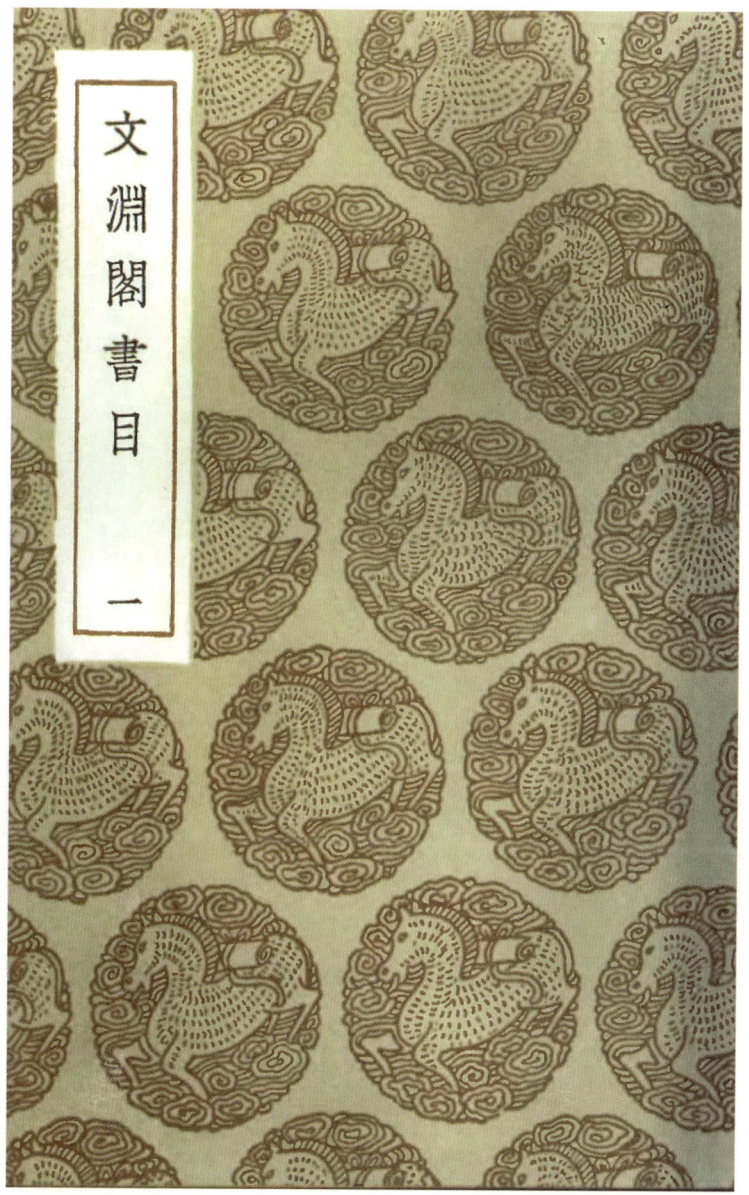

《文渊阁书目》

《丛书集成初编》由王云五主编，商务印书馆于1935年至1937年陆续出版。该书选择宋至清较为重要的丛书100种，得不重复子目4000余种，印成统一版式（多数排印，少数影印）。

商务印书馆的万有文库二集书柜

民 国 | 287

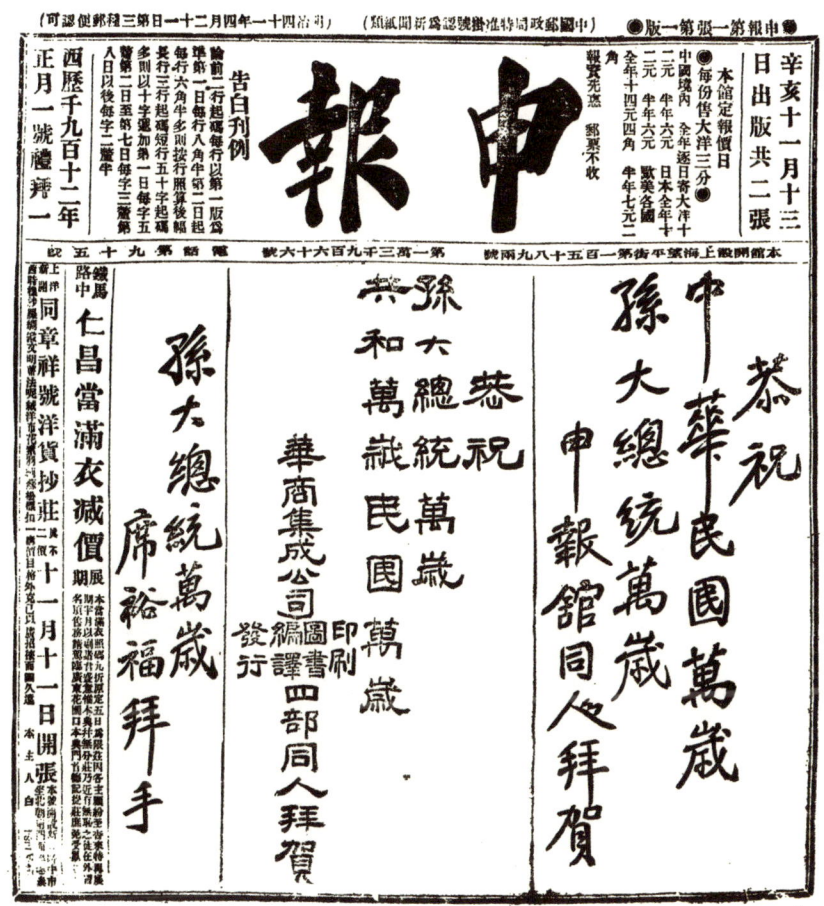

《申报》

《申报》，1872年4月创办于上海，是中国历史最久的现代报纸。

《东方杂志》

《东方杂志》由上海商务印书馆编辑出版，1904年创刊，1948年停刊，是中国历史最久的大型综合性杂志。

《小说月报》

《小说月报》由上海商务印书馆出版，1910年创刊，1931年12月终刊。其中自1921年1月第12卷第1号开始，《小说月报》由沈雁冰（茅盾）主编，成为新文学的第一个大型文学专刊，对我国的文学阅读产生巨大影响。

《新青年》月刊 陈独秀等编辑

《新青年》月刊于1915年在上海创刊,原名《青年杂志》,1917年在北京大学出版,改今名,1922年停刊。

《向导》周报

《向导》周报是中国共产党的第一份中央机关报，由蔡和森等主编，1922年9月13日创刊于上海，1927年7月18日停刊。

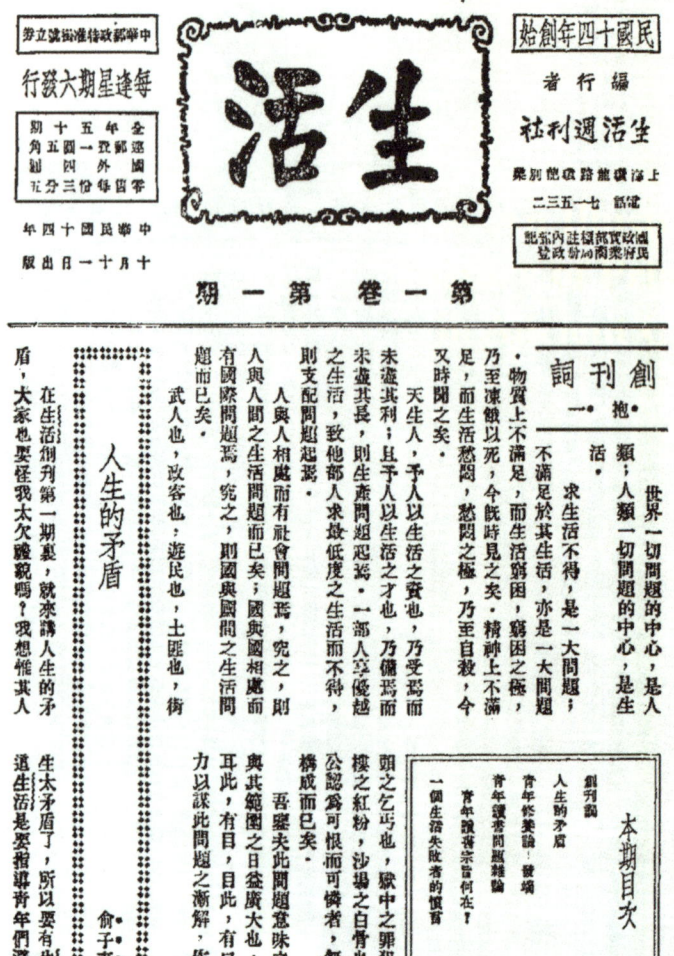

《生活》周刊　邹韬奋主编

《生活》周刊于1925年创刊，1933年12月停刊。

《良友》画报

《良友》画报于 1926 年在上海创刊，先后由伍联德、梁得所等主编，上海良友图书公司出版，1945 年 10 月停刊。它是我国新闻出版史上第一本 9 开的大型画报，对打开国人的阅读视野有较大影响。

《小说画报》　包天笑主编

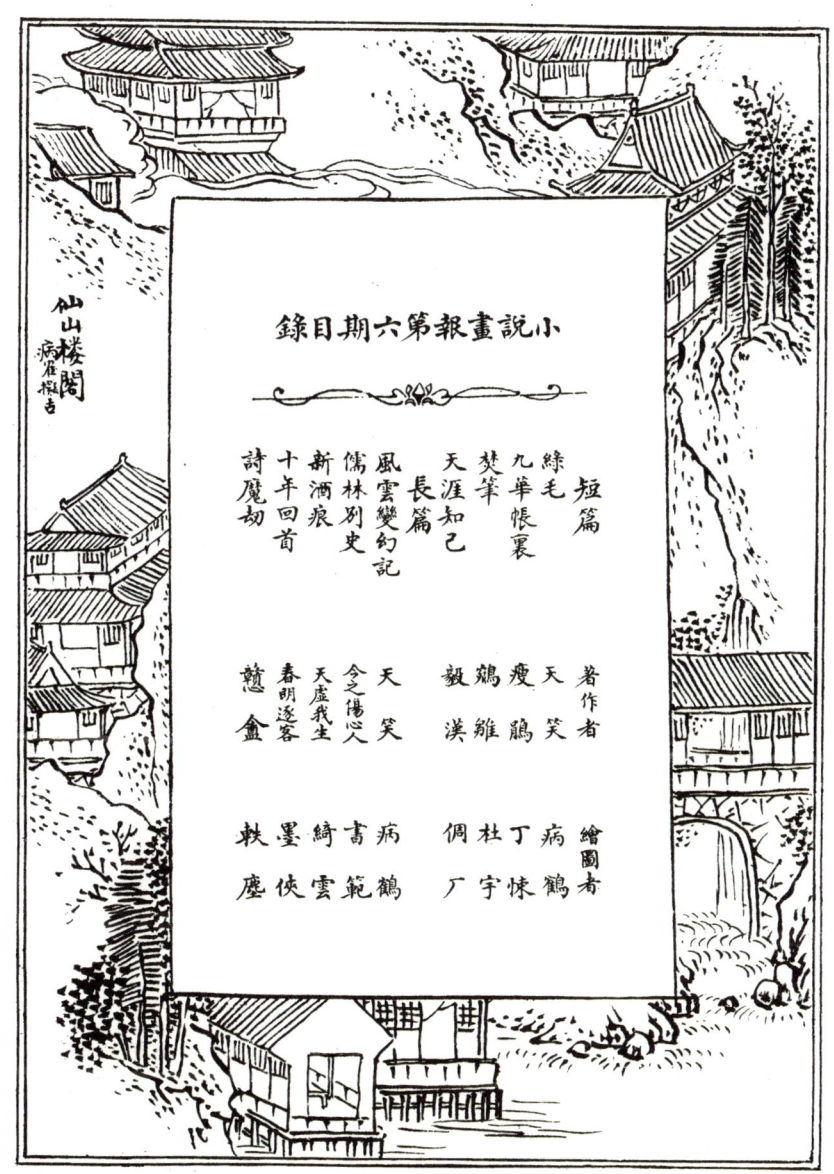

《小说画报》目录

范长江像　摄于 20 世纪 40 年代

范长江（1909 年—1970 年），四川内江人。1935 年 7 月 14 日，他从成都出发，开始著名的西北之行，至 1936 年 6 月结束，沿途撰写旅行通讯，陆续在天津《大公报》上发表。1936 年 8 月，范长江将这些通讯汇编成《中国的西北角》一书，由天津大公报馆出版。书中首次客观且真实地报道了红军长征的行踪，从而引起社会极大的关注，在短短的几个月内就再版 6 次。《中国的西北角》使世界的目光开始关注中国革命和中国工农红军。

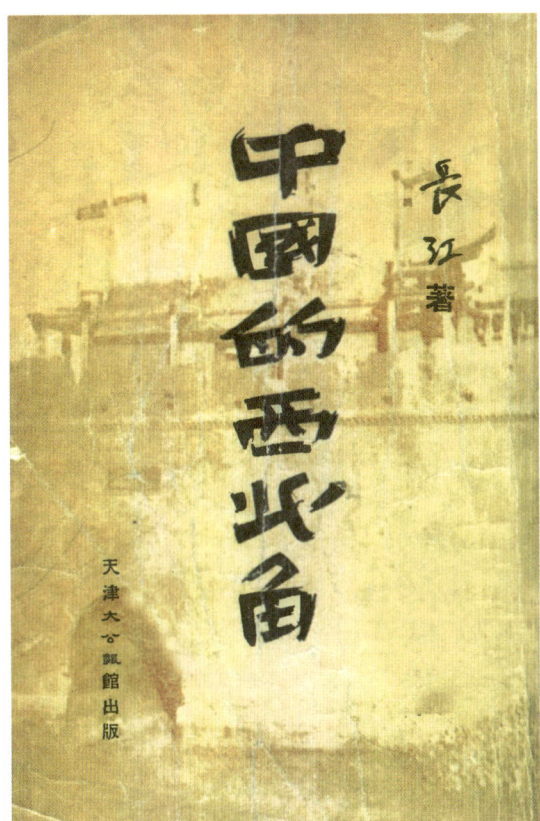

《中国的西北角》 范长江著

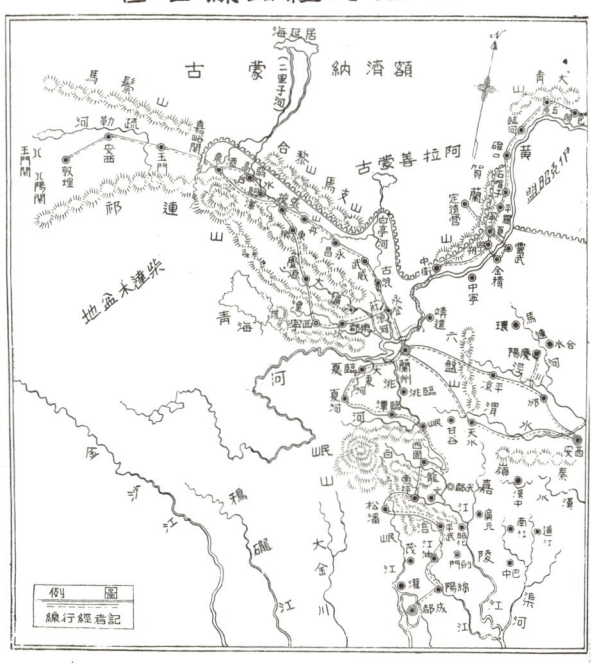

范长江所经路线图

 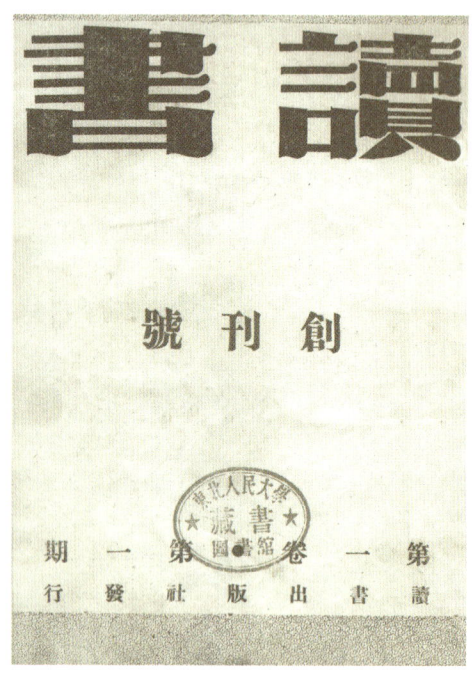

《读书》月报 1937年创刊 上海杂志公司编译部编辑发行

《读书》杂志 读书出版社 1945年2月创办发行

《读书月刊》

　　《读书月刊》由上海光华书局于1931年创刊，1933年10月出至三卷六期后停刊。

说 明

本套书部分照片从有关书籍中选取,特向拍摄者致谢。由于客观条件限制,很难一一寻找书中照片的作者,请有关作者与出版社联系,并提供足够的证明材料,以便及时支付稿酬。